MEDITERRANEAN DIET COOKBOOK EN ESPAÑOL

365 DÍAS DE SABORES: Deliciosas Recetas Mediterráneas para una Vida Saludable

Claudia Simon

CONTENIDO

INTRODUCCIÓN..7

MY FAVORITE MEDITERRANEAN RECIPES 9

Ensalada Griega Horiatiki...................... 9
Paella de Mariscos 9
Clásico Tzatziki (Salsa de Yogur Griega)............... 9
Hummus... 9
Albóndigas italianas............................. 10
Pitas Griegas de Carne 10
Tapenade de Aceitunas Verdes............. 10

Moussaka 10
Shrimp Scampi 11
Spanakopita (Pastel de Espinacas)....... 11
Pollo Parmesano................................... 11
Baklava Turca 12
Panini Mediterráneo de Pavo 12
Ensalada de Tabbouleh......................... 12

BREAKFAST RECIPES 13

Frittata Picante con Queso 13
Shakshuka al Horno 13
Huevos Florentina con Panceta............. 13
Avena de Frutos Rojos y Nuez.............. 13
Frittata con Panceta y Champiñones...... 14
Frittata de Salmón 14
Huevos Revueltos Napoli 14
Muffin de Ricota con Topping de Pera .. 14
Frittata de Jamón y Queso..................... 15
Pitas de Lentejas 15
Tortilla de Patatas con Atún 15
Bowl de Couscous y Tomate con Pepino............... 15
Ensalada de Arroz Integral con Feta 16
Tostada de Anchoa con Espinaca 16
Crostini de Prosciutto........................... 16
Huevos con Tomate y Albahaca............. 16
Tomates Rellenos 16
Frittata de Berenjena y Kale 17
Soufflé Napolitano 17
Frittata de Espinaca con Pimientos Asados 17
Tortilla de Tomate-Albahaca y Ricota .. 17

Huevos Revueltos Picantes 18
Pita Sandwiches con Falafel y Salsa Tzatziki........ 18
Pancakes con Fruta Fresca 18
Cupcakes de Kale.................................. 18
Frittata de Ricota y Alcachofas 19
Frittata de Alcachofa y Espinaca 19
Frittata Vegetariana 19
Muffins Estilo Italiano 19
Parfait de Calabaza 20
Sandwich de Prosciutto......................... 20
Frittata de Champiñones 20
Magdalenas de Champiñones 20
Frittata de Salmón y Mozzarella 20
Cupcakes al Pesto con Salami............... 21
Avena de Calabaza 21
Huevos Primavera 21
Canastas de Calabacín con Huevo 21
Huevos Revueltos con Salmón 22
Tortilla de Patatas................................. 22
Pan Casero de Aceituna y Semillas....... 22
Bruschetta de Espinaca y Ricota........... 22

SALADS..23

Ensalada Toscana 23
Ensalada de Pasta con Espinaca............ 23
Ensalada de Espinaca y Judías.............. 23
Ensalada Caesar Ligera......................... 23
Ensalada de Lentejas............................ 24
Ensalada Libanesa................................ 24
Ensalada de Endivia, Fruta y Gorgonzola............. 24
Ensalada de Patata y Huevo.................. 24
Ensalada de Endivia y Salmón.............. 25
Ensalada de Lenteja y Pimiento 25
Salpicón de Mariscos 25
Ensalada de Pimiento y Espinaca 25
Ensalada de Anchoas con Vinagreta de Mostaza.... 25
Deliciosa Ensalada Verde..................... 26
Ensalada de Tomate y Zanahoria 26
Ensalada de Radicchio con Pasas 26

Ensalada de Espinaca con Tomate Cherry 26
Ensalada Caliente de Kale y Pimiento 26
Ensalada de Espinaca, Huevo y Nueces 27
Ensalada Italiana de Atún...................... 27
Ensalada de Garbanzo y Pimiento 27
Elegante Ensalada Turca....................... 27
Ravioli al Pesto 28
Ensalada Caprese con Atún................... 28
Colorida Ensalada Italiana.................... 28
Cocktail de Naranja con Pera y Gorgonzola.......... 28
Ensalada de Garbanzo con Arúgula 28
Ensalada Caesar con Ricota 29
Mix de Pimiento, Tomate y Huevo 29
Ensalada de Tomate con Anchoas.......................... 29
Ensalada de Patata................................ 29

SOUPS & STEWS..30

Gazpacho Andaluz 30	Sopa de Orzo y Champiñones 34
Deliciosa Sopa Verde 30	Estofado Vegetariano del Mediterráneo 34
Sopa de Espinaca y Garbanzos con Salchichas 30	Crema de Pimiento Asado con Feta 34
Sopa de Judías y Calabacín 30	Estofado de Alubias y Salchicha Italiana 34
Sopa de Alubias con Queso Feta y Acelgas 31	Guiso de Pollo a la Italiana 35
Sopa de Cavolo Nero y Garbanzos 31	Lomo de Cerdo a la Albahaca 35
Sopa de Pollo con Vermicelli 31	Estofado de Res con Verduras 35
Sopa Manchega 31	Estofado Marroquí de Lentejas 35
Sopa de Tomate Asado 32	Estofado de Garbanzo y Pollo Marroquí 36
Sopa de Pollo y Cebada 32	Guiso de Judías, Vegetales y Panceta 36
Sopa de Lentejas Estilo Andaluz 32	Lentejas con Arroz Estilo Español 36
Sopa de Huevo con Cordero 32	Guiso de Berenjena con Almendras 36
Perfecta Zuppa Frutti di Mare 33	Caldo de Gamba a la Portuguesa 37
Sopa de Tomate y Albahaca 33	Sopa de Cebada con Champiñones 37
Clásica Zuppa Toscana 33	Guiso Vegetariano 37
Sopa Turca de Pollo 33	Berenjenas con Salsa Picante 37

BEANS, RICE & GRAINS..38

Gratin de Vegetales Florentino 38	Arroz Salvaje con Champiñones y Mozzarella 43
Deliciosas Batatas Rellenas 38	Risotto de Pollo 43
Frijoles Ricos con Tomate 38	Pilaf de Farro con Cavolo Nero 43
Rollitos de Lechuga con Hummus y Alubias 38	Cebada con Atún y Alcaparras 44
Frijoles Aromáticos 39	Cebada Aromática con Piñones 44
Hamburguesas de Judías con Guacamole 39	Pilaf de Cebada al Perejil 44
Puré de Habas al Romero 39	Ensalada de Cebada con Alcachofas 44
Clásico Falafel 40	Milet a la Catalana 45
Alubias al Tomate 40	Milet a la Portuguesa 45
Guiso Vegetariano Estilo Marroquí 40	Risotto Estilo Milanés 45
Guiso de Alubias y Espinacas 40	Arroz al Horno con Pimientos Asados 45
Lentejas con Pollo 41	Alforfón Italiano 46
Lentejas con Espinacas 41	Bulgur Tabbouleh 46
Pilaf de Arroz con Pistachos 41	Pilaf de Bulgur con Champiñones y Almendras 46
Pilaf de Arroz Integral con Alcaparras 41	Salteado de Garbanzos y Zanahoria 46
Arroz Integral Mediterráneo 42	Bowl de Arroz Integral Vegetariano 47
Arroz con Verduras 42	Risotto de Cordero a la Menta 47
Tradicional Risotto de Champiñones 42	Risotto de Tomate y Albahaca 47
Salteado de Garbanzos y Espárragos 42	Arroz con Mejillones 47
Berenjenas y Garbanzos al Horno 43	

PASTA & COUSCOUS..48

Rigatoni con Aceitunas y Ricota 48	Fettuccine en Salsa Blanca con Salmón y Espinaca 51
Macarrones a la Griega 48	Spaghetti a la Crema con Mejillones 51
Penne Arrabbiata 48	Linguine a la Toscana con Pollo 51
Tortellini con Albóndigas y Alubias 49	Ragú de Res con Verduras 52
Rigatoni al Tomate con Pimientos y Mozzarella 49	Tagliatelle con Sardinas 52
Farfalle con Espinaca y Queso Ricota 49	Auténtico Fettuccine a la Puttanesca 52
Macarrones con Queso Spanakopita 49	Penne al Pesto con Brócoli 52
Farfalle Cremoso con Gambas 50	Penne en Salsa de Tomate 53
Linguine a la Crema con Espárragos 50	Pasta en Salsa Roja con Arúgula 53
Pasta en Salsa de Nuez 50	Ziti a la Marinara Horneado 53
Rigatoni con Verduras al Horno 50	Fusilli Estilo Griego al Horno 54

Fettuccine con Albahaca y Lomo de Cerdo 54
Rico Linguine a la Carbonara 54
Tortellini al Limón con Guisantes.......................... 54
Rotini con Res y Espárragos 55
Tradicional Lasaña de Carne................................... 55
Pasta con Pollo y Queso.. 55
Fusilli al Pesto con Brócoli.................................... 56
Fusilli con Res... 56
Ziti en Salsa Cremosa de Azafrán con Pollo........... 56
Farfalle en Salsa de Mostaza con Pollo 56
Tortiglioni Primavera 57

Linguine a la Genovesa.. 57
Farfalle con Tomates y Calabacín.......................... 57
Spaghetti en Salsa de Tomate con Champiñones.... 58
Fusilli en Salsa de Garbanzo.................................. 58
Couscous con Acelgas y Queso Feta 58
Penne a la Boloñesa Horneado 58
Penne con Espinaca y Aceitunas............................ 59
Couscous Marroquí 59
Orzo Estilo Turco... 59
Couscous al Limón con Brócoli.............................. 59

PIZZA & SNACKS 60

Tradicional Pizza Margherita.................................. 60
Pizza en Sartén... 60
Clásica Pizza de Pepperoni 60
Pizza de Albóndigas.. 60
Pizza de Alcachofa y Tomate 61
Pizza Vegetariana 61
Pizza Portuguesa... 61
Pizza de Arúgula y Aceitunas 62
Pizza de Chorizo Picante 62
Deliciosa Pizza Vegetariana con Espinaca............. 62
Pizza Española.. 63
Pizza Griega 63
Pizza de Champiñones y Aceituna Negra 63
Pizza de Vegetales con Cebolla Caramelizada........ 64
Arancini de Cordero.. 64
Patata Rellena a la Griega 64
Wraps de Alcachofa y Kale.................................... 65
Dip de Alubia y Alcachofa 65
Dip de Berenjena y Pimiento Asado 65
Jalapeños Rellenos de Hummus.............................. 65

Hummus Picante 66
Sandwich Siciliano... 66
Crujientes Patatas Fritas.. 66
Pepinos con Salsa de Eneldo.................................. 66
Almendras Asadas con Miel 66
Cocktail de Frutas Cítrico 67
Alcachofas con Aioli... 67
Original Sandwich Italiano 67
Aceitunas y Alcaparras al Limón........................... 67
Café Helado con Baileys... 67
Dip de Lenteja y Ajo Asado 68
Popcorns a la Italiana... 68
Dip de Judías al Estilo Griego 68
Básico Canapé de Pepino.. 68
Dip de Yogurt y Za`atar con Pitta 68
Tapenade de Anchoas.. 69
Espárragos Asados 69
Bowl Picante de Garbanzos y Feta 69
Salteado de Gambas y Calamares........................... 69

FISH & SEAFOOD 70

Salmón Empapelado 70
Salmón en Salsa de Tomate con Gambas................ 70
Salmón con Corteza de Nueces............................... 70
Salmón a la Española... 70
Salmón en Salsa de Tomate Aromática................... 71
Salmón Horneado con Espárragos 71
Salmón con Escarola y Aceitunas 71
Salmón con Pimientos.. 71
Salmón a la Plancha con Ejotes 71
Crostini de Salmón Ahumado con Queso 72
Rollitos de Berenjena con Salmón Ahumado 72
Delicioso Salmón a la Naranja............................... 72
Crujientes Hamburguesas de Salmón con Tzatziki 72
Filetes de Trucha en Salsa de Rábano..................... 72
Pimientos Rellenos de Salmón Cremoso 73
Merluza Frita al Tomillo 73
Merluza a la Romana 73
Lubina al Ajo.. 73

Merluza con Mozzarella y Tomates 74
Merluza al Horno con Patatas 74
Merluza en Salsa Picante 74
Merluza en Salsa de Champiñones 74
Brochetas de Merluza 75
Tilapia al Tomate.. 75
Pilaf de Tilapia 75
Atún al Gratin 75
Lubina a la Mantequilla 75
Atún con Verduras.. 76
Gyros de Atún con Tzatziki 76
Pargo Cítrico al Horno 76
Fletán en Salsa de Puerro....................................... 76
Fletán al Horno con Berenjenas al Tomate 77
Merluza al Limón-Tomillo...................................... 77
Sardinas a la Parrilla con Salsa de Hierbas............ 77
Huevos Rellenos de Arenque 77
Eglefino al Horno con Gremolata 78

Caballa en Salsa Roja...............................78
Lenguado Crujiente.................................78
Barramundi Cítrico con Corteza de Avellanas.......78
Mix de Gambas y Verduras Asadas...................78
Anchoas con Aderezo de Ajo........................79
Crujientes Palitos de Pescado 79
Vieiras Fritas 79

Langostinos con Champiñones 79
Langostinos Estilo Andaluz 80
Vieiras en Salsa de Tomate-Albahaca...............80
Tradicional Vieira Toscana........................80
Vieiras Envueltas en Pancetta 80
Mejillones a la Marinara 80

POULTRY 81

Pollo Cacciatore 81
Pollo a la Griega con Patatas 81
Pollo al Vino.....................................81
Pollo a las Hierbas en Salsa de Espárragos........82
Pollo a la Siciliana 82
Kabobs de Pollo 82
Pechugas de Pollo al Vino con Alcaparras..........82
Pastel de Pollo con Salsa Tzatziki................83
Pollo Estilo Español..............................83
Pollo al Horno con Vegetales......................83
Salchichas de Pollo en Salsa de Pimiento..........83
Alitas de Pollo al Queso..........................84
Pechugas Rellenas de Espinaca-Ricotta.............84
Pechuga de Pollo en Salsa Blanca 84
Salteado de Pollo y Berenjenas con Almendras......84

Pollo Balsámico con Feta..........................85
Brochetas de Pollo y Vegetales....................85
Alitas de Pollo Cítricas..........................85
Piernas de Pollo y Verduras al Horno 85
Pechugas Cremosas con Anacardos...................85
Salteado de Pollo y Espárragos....................86
Pechugas En Salsa Dulce...........................86
Pechugas a la Parmesana 86
Pollo al Tomate-Romero............................86
Pechuga con Garbanzos y Espinacas 86
Pollo Rostizado al Tomillo........................87
Pechugas Crujientes con Avellanas.................87
Pechugas a la Portuguesa..........................87
Pechugas de Pollo Ligero..........................87

PORK, BEEF & LAMB...88

Brochetas de Cerdo Glaseadas......................88
Chuletas de Cerdo Crujientes......................88
Salteado de Pollo y Vegetales 88
Lomo de Cerdo a la Italiana.......................88
Estofado de Cerdo Cremoso 89
Chuletas de Cerdo en Salsa de Tomate 89
Chuletas Asadas con Chutney de Albaricoque........89
Jugoso Lomo de Cerdo con Verduras 89
Chuletas al Ajillo Horneadas 90
Cerdo Souvlaki....................................90
Lomo a la Mostaza.................................90
Chuletas de Cerdo y Vegetales al Horno............90
Chuletas con Cebollas y Pimientos.................90
Chuletas al Durazno...............................91
Chuletas en Salsa de Mostaza Dulce 91
Lomo Glaseado 91
Medallones Rellenos...............................91
Albóndigas Picantes...............................92
Mini Albóndigas en Salsa de Almendras 92

Lomo en Salsa de Manzana 92
Chuletas de la Abuela.............................92
Chuletas al Vino..................................93
Lomo de Cerdo con Ricotta 93
Ricas Keftades 93
Res en Salsa de Champiñones.......................93
Res con Vinagreta de Menta Picante................94
Estofado de Cordero con Higos y Yogurt 94
Cordero con Berenjenas............................94
Res con Mozzarella................................94
Cordero al Pimentón con Brócoli 94
Pierna de Cordero Festiva 95
Cordero al Durazno................................95
Estofado de Res Picante...........................95
Pimientos Rellenos................................95
Pitas de Res con Vegetales........................96
Cordero Cítrico 96
Cordero Mediterráneo Sabroso......................96

DESSERTS 97

Sorbete de Frutos Rojos...........................97
Cuadritos de Amaretto 97
Peras Pochadas en Vino Tinto......................97
Manzanas Crujientes en Salsa de Cardamomo 97
Gelato de Sandía y Menta 98
Fresas Cubiertas de Chocolate y Coco..............98
Granita Siciliana.................................98

Yogurt con Plátano y Menta........................98
Manzanas Rellenas.................................98
Mini Trufas de Maple-Chocolate 99
Pannacotta de Naranja con Moras...................99
Chocolate Negro con Granada 99
Compota de Pera y Avena con Pecanas 99

INTRODUCCIÓN

La Dieta Mediterránea: Un Viaje Culinario Hacia la Salud y el Placer

La dieta mediterránea es un tesoro gastronómico que fusiona el sabor y la salud en cada bocado. Originaria de los países que bordean el mar Mediterráneo como Grecia, Italia, España, Turquía, Marruecos y el sur de Francia, esta forma de alimentación ha sido aclamada por sus innumerables beneficios para la salud y su exquisito sabor.

En este libro de cocina, te embarcarás en un apasionante viaje culinario hacia la dieta mediterránea, explorando una amplia gama de recetas inspiradoras y deliciosas que te permitirán disfrutar de los sabores y beneficios de esta forma de alimentación. Desde platos principales con mariscos frescos hasta ensaladas llenas de color y guarniciones vibrantes, descubrirás cómo combinar ingredientes frescos y saludables para crear comidas equilibradas y deliciosas.

Beneficios para la salud de la Dieta Mediterránea

La Dieta Mediterránea es ampliamente elogiada por sus numerosos beneficios para la salud. A través de su enfoque en ingredientes frescos y naturales, combinado con una forma de cocinar y comer saludable, esta dieta ha demostrado tener un impacto positivo en la prevención de enfermedades crónicas y en la promoción del bienestar general. A continuación, se detallan algunos de los beneficios más destacados de seguir la Dieta Mediterránea:

1. **Salud cardiovascular**: La Dieta Mediterránea se ha asociado con una reducción del riesgo de enfermedades del corazón y accidentes cerebrovasculares. Su énfasis en el consumo de grasas saludables, como el aceite de oliva y los frutos secos, así como en una ingesta moderada de pescado y vino tinto, ha demostrado tener efectos positivos en la reducción del colesterol LDL ("malo") y en la mejora de los niveles de presión arterial.

2. **Protección contra la diabetes**: Siguiendo la Dieta Mediterránea, se ha observado una disminución del riesgo de desarrollar diabetes tipo 2. La inclusión de alimentos ricos en fibra, como frutas, verduras y legumbres, así como el consumo moderado de carbohidratos complejos provenientes de granos enteros, ayuda a mantener niveles estables de azúcar en la sangre y mejora la sensibilidad a la insulina.

3. **Control de peso**: La Dieta Mediterránea es conocida por su enfoque en alimentos frescos y de alta calidad, en lugar de alimentos procesados y altos en calorías. Además, su énfasis en las grasas saludables y proteínas magras proporciona una mayor sensación de saciedad, lo que puede ayudar a controlar el apetito y reducir la ingesta excesiva de alimentos.

4. **Mejora de la salud mental**: Se ha observado que la Dieta Mediterránea está asociada con una reducción del riesgo de depresión y enfermedades neurodegenerativas, como el Alzheimer. La inclusión de antioxidantes, ácidos grasos omega-3 y nutrientes esenciales provenientes de frutas, verduras y pescado puede proteger el cerebro y promover la salud mental a largo plazo.

5. **Longevidad**: Los estudios han demostrado que seguir la Dieta Mediterránea se asocia con una mayor esperanza de vida. Su combinación de alimentos frescos y nutritivos, junto con un estilo de vida activo y socialización en torno a las comidas, crea una base sólida para una vida más larga y saludable.

Los pilares de la Dieta Mediterránea

La Dieta Mediterránea se basa en cinco pilares fundamentales que guían su enfoque en la alimentación saludable. Estos pilares resaltan la importancia de elegir alimentos frescos y naturales para mantener una dieta equilibrada y nutritiva. A continuación, se describen los pilares de la Dieta Mediterránea:

- *Abundancia de frutas y verduras frescas*: Las frutas y verduras son la base de la Dieta Mediterránea. Se recomienda consumir una amplia variedad de frutas y verduras frescas todos los días, ya que son una fuente rica en vitaminas, minerales, fibra y antioxidantes. Estos alimentos ayudan a proteger contra enfermedades, fortalecer el sistema inmunológico y promover la salud en general.

- *Consumo moderado de carnes rojas y productos lácteos:* En la Dieta Mediterránea, se promueve el consumo moderado de carnes rojas y productos lácteos. Se sugiere limitar el consumo de carnes rojas a unas pocas veces al mes y elegir cortes magros. En lugar de eso, se anima a optar por fuentes de proteínas más saludables, como aves de corral, pescado, legumbres y frutos secos. En cuanto a los lácteos, se recomienda dar preferencia a opciones bajas en grasa, como yogur y queso fresco.

- *Uso de aceite de oliva virgen extra:* El aceite de oliva virgen extra es una pieza fundamental en la Dieta Mediterránea. Se utiliza como principal fuente de grasa, reemplazando otras grasas menos saludables, como la mantequilla o la margarina. El aceite de oliva virgen extra es rico en ácidos grasos monoinsaturados y antioxidantes, que ayudan a reducir el colesterol LDL ("malo"), proteger el corazón y promover la salud en general. Se recomienda usarlo tanto en crudo como para cocinar.

- *Inclusión de pescado y mariscos:* La Dieta Mediterránea enfatiza el consumo regular de pescado y mariscos. Estos alimentos son excelentes fuentes de proteínas, ácidos grasos omega-3, vitaminas y minerales. Se recomienda consumir al menos dos porciones de pescado a la semana, priorizando opciones como salmón, sardinas, trucha y atún, que son ricos en ácidos grasos saludables para el corazón.

- *Preferencia por granos enteros y legumbres:* En lugar de optar por granos refinados, la Dieta Mediterránea promueve el consumo de granos enteros, como trigo integral, cebada, avena y arroz integral. Estos granos son ricos en fibra, vitaminas y minerales, y ayudan a mantener niveles estables de azúcar en la sangre. Las legumbres, como los frijoles, garbanzos y lentejas, también son parte importante de la dieta, proporcionando proteínas vegetales, fibra y nutrientes esenciales.

La importancia de las hierbas y especias aromáticas

Las hierbas y especias aromáticas son fundamentales en la Dieta Mediterránea. No solo añaden sabor a los platos, sino que también aportan beneficios para la salud. Estas adiciones culinarias permiten reducir el consumo de sal, proporcionan compuestos antioxidantes y poseen propiedades antiinflamatorias. Desde el romero y la albahaca hasta el pimentón y el comino, las hierbas y especias ofrecen una amplia gama de sabores que elevan cualquier comida. En resumen, son ingredientes clave para disfrutar de una cocina mediterránea sabrosa y saludable.

Incorporando la Dieta Mediterránea en tu estilo de vida

Incorporar la Dieta Mediterránea en tu estilo de vida es una opción saludable y deliciosa. Comienza por aumentar el consumo de frutas y verduras frescas, incluir aceite de oliva virgen extra en tus preparaciones, optar por carnes magras y pescado, así como por granos enteros y legumbres. Disfruta de las hierbas y especias aromáticas para dar sabor a tus platos. Comparte comidas en compañía y practica la moderación en tus porciones. Además, recuerda mantener un estilo de vida activo, beber agua y limitar el consumo de alimentos procesados y azúcares añadidos.

En conclusión, la Dieta Mediterránea es más que una simple forma de comer: es un estilo de vida que promueve la salud y el bienestar. Sus principios nutricionales, basados en ingredientes frescos y naturales, junto con el enfoque en la socialización y el disfrute de las comidas, la convierten en una opción equilibrada y sostenible. Los beneficios para la salud, como la protección cardiovascular, el control de peso y el bienestar mental, respaldan aún más su valor. Al adoptar la Dieta Mediterránea, estamos eligiendo cuidar de nuestro cuerpo y disfrutar de una vida plena. ¡Aprovechemos sus enseñanzas y saboreemos los beneficios duraderos que ofrece!

Mis recetas

Este libro incluye una selección de recetas inspiradas en la Dieta Mediterránea. Desde platos principales hasta aperitivos y postres, encontrarás una variedad de deliciosas opciones para incorporar a tu alimentación. Cada receta ha sido cuidadosamente elegida para resaltar los sabores y beneficios saludables de los ingredientes mediterráneos. Desde la clásica ensalada griega hasta el exquisito cuscús con verduras asadas, estas recetas te permitirán disfrutar de una cocina saludable y sabrosa en la comodidad de tu hogar. ¡Explora, cocina y saborea las maravillas de la Dieta Mediterránea con estas recetas seleccionadas especialmente para ti!

MY FAVORITE MEDITERRANEAN RECIPES

Ensalada Griega Horiatiki

Ingredientes para 4 porciones

1 pimiento verde, en trozos
1 lechuga, en hojas
½ cebolla morada, en aros
2 tomates, cortados en cubos

1 pepino, en rodajas delgadas
3 cdas aceite de oliva virgen-extra
2 cdas jugo de limón
¼ cdita orégano griego seco

1 tza queso feta, cortados en cubos
1 puñado de aceitunas Kalamata
Sal de ajo y pimienta al gusto

Instrucciones y tiempo total: aproximadamente 10 minutos

En una ensaladera, mezclar el aceite, jugo de limón, pimienta, sal de ajo y orégano. Incorporar la lechuga, cebolla, tomate, pepino y pimiento hasta cubrir completamente. Decorar con queso feta y aceitunas. Servir inmediatamente.

Información nutricional: Calorías 226, Grasa 19g, Carbs 9g, Proteína 8g

Paella de Mariscos

Ingredientes para 6 porciones

3 cdas de aceite de oliva
1 cebolla, picada
3 dientes de ajo, picados
1 pimiento rojo, cortado en cubos
1 tomate, picado

1 ½ tzas de arroz de paella
4 tzas de caldo de pescado
½ lb de camarones
1 lb de mejillones
1 lb de calamares, cortados en anillos

1 tza de guisantes congelados
Sal, pimienta y azafrán al gusto
Perejil fresco picado para decorar

Instrucciones y tiempo total: aproximadamente 55 minutos

En una paellera o sartén grande, calienta el aceite de oliva a fuego medio-alto. Agrega la cebolla, el ajo y el pimiento rojo, y cocina hasta que estén tiernos. Añade el tomate y cocina por unos minutos más. Agrega el arroz y revuélvelo para que se cubra con la mezcla de verduras. Vierte el caldo de pescado caliente y sazona con sal, pimienta y azafrán.

Cocina a fuego medio-bajo durante unos 20-25 minutos hasta que el arroz esté casi cocido y absorba el líquido. Coloca los camarones, mejillones, calamares y guisantes en la paellera, distribuyéndolos de manera uniforme.

Cubre la paellera con papel de aluminio y cocina durante aproximadamente 15 minutos hasta que los mariscos estén cocidos y el arroz esté tierno y ligeramente dorado en el fondo. Retira el papel de aluminio y deja reposar la paella durante unos minutos. Espolvorea con perejil fresco picado antes de servir.

Información nutricional: Calorías 400, Grasa 10g, Carbs 50g, Proteína 25g

Clásico Tzatziki (Salsa de Yogur Griega)

Ingredientes para 6 porciones

1 pepino grande, rallado
1 diente de ajo, picado
1 tza yogurt griego

1 cdita eneldo fresco, picado
1 cdita perejil fresco, picado
¼ tza nueces, picadas

Sal y pimienta negra al gusto

Instrucciones y tiempo total: aproximadamente 10 minutos + tiempo de reposo

Escurrir bien el exceso de líquido de los pepinos. En un recipiente, combinar el yogurt, pepino, ajo, sal, eneldo y pimienta. Refrigerar durante 2 horas. Decorar con nueces y perejil para servir.

Información nutricional: Calorías 66, Grasa 3.8g, Carbs 4g, Proteína 5g

Hummus

Ingredientes para 4 porciones

1 lata de garbanzos, escurridos y enjuagados
¼ tza de tahini
2 dientes de ajo, picados

2 cdas de aceite de oliva
2 cdas de jugo de limón

Sal y pimienta al gusto

Instrucciones y tiempo total: aproximadamente 10 minutos

En un procesador de alimentos, combina los garbanzos, el tahini, el ajo, el aceite de oliva, el jugo de limón, la sal y la pimienta. Pulsa hasta que la mezcla quede suave y cremosa. Sirve inmediatamente o cubre y refrigera hasta que esté listo para servir.

Información nutricional: Calorías 240, Grasa 16g, Carbs 19g, Proteína 8g

Albóndigas italianas

Ingredientes para 4 porciones

1 lb de carne molida de res
½ tza de pan rallado con sabor italiano
¼ tza de queso Parmesano rallado

¼ tza de perejil fresco picado
¼ tza de cebolla picada
2 dientes de ajo, picados

1 huevo, batido
Sal y pimienta al gusto
2 tzas de salsa marinara

Instrucciones y tiempo total: aproximadamente 40 minutos

Precalienta el horno a 375°F. En un tazón grande, mezcla la carne molida, el pan rallado, el queso Parmesano, el perejil, la cebolla, el ajo, el huevo, la sal y la pimienta. Mezcla hasta que esté bien combinado.

Forma la mezcla en albóndigas de aproximadamente 1 pulgada de diámetro y colócalas en una bandeja para hornear. Hornea durante 20-25 minutos, o hasta que estén cocidas por completo. Calienta la salsa marinara en una sartén grande a fuego medio. Agrega las albóndigas a la sartén y revuélvelas para cubrirlas con la salsa. Sirve de inmediato.

Información nutricional: Calorías 450, Grasa 25g, Carbs 19g, Proteína 35g

Pitas Griegas de Carne

Ingredientes para 4 porciones

1 lb de carne molida de res
½ tza de cebolla picada
2 dientes de ajo, picados
2 cditas de orégano seco

1 cdita de albahaca seca
Sal y pimienta al gusto
4 panes de pita
1 tza de lechuga picada

1 tza de tomate picado
½ tza de queso feta desmenuzado
Salsa Tzatziki (opcional)

Instrucciones y tiempo total: aproximadamente 20 minutos

Calienta una sartén grande a fuego medio-alto. Agrega la carne molida, la cebolla, el ajo, el orégano, la albahaca, la sal y la pimienta a la sartén. Cocina durante 8-10 minutos, o hasta que la carne esté dorada y cocida.

Mientras la carne se cocina, calienta los panes de pita en el horno o en una tostadora. Para armar los pitas, coloca una cucharada de carne en cada pita. Agrega lechuga picada, tomate picado y queso feta desmenuzado. Rocía con salsa Tzatziki, si lo deseas. Sirve de inmediato.

Información nutricional: Calorías 450, Grasa 19g, Carbs 39g, Proteína 31g

Tapenade de Aceitunas Verdes

Ingredientes para 4 porciones

1 tza de aceitunas verdes sin hueso
¼ tza de perejil fresco picado
2 cdas de alcaparras

2 dientes de ajo, picados
¼ tza de aceite de oliva
1 cda de jugo de limón

Sal y pimienta al gusto

Instrucciones y tiempo total: aproximadamente 25 minutos

En un procesador de alimentos, pulsa las aceitunas verdes, el perejil, las alcaparras y el ajo hasta que estén picados en trozos gruesos. Añade el aceite de oliva y el jugo de limón al procesador de alimentos y pulsa hasta que la mezcla esté bien combinada. Condimenta con sal y pimienta al gusto. Transfiere la tapenade a un tazón para servir.

Información nutricional: Calorías 150, Grasa 15g, Carbs 3g, Proteína 1g

Moussaka

Ingredientes para 4 porciones

1 lb de cordero molida
½ tza de cebolla picada
½ tza de pimiento rojo picado
½ tza de berenjena picada
½ tza de calabacín picado
2 dientes de ajo, picados

1 cdita de orégano seco
½ cdita de canela molida
¼ cdita de nuez moscada molida
¼ cdita de pimienta negra
1 lata de salsa de tomate
¼ tza de vino tinto

¼ tza de perejil fresco picado
¼ tza de queso Parmesano rallado
1 huevo, batido
1 tza de pan rallado
½ tza de leche
¼ tza de mantequilla

Instrucciones y tiempo total: aproximadamente 70 minutos

Precalienta el horno a 350°F. En una sartén grande, dora la carne de cordero a fuego medio-alto. Agrega la cebolla, el pimiento rojo, la berenjena, el calabacín, el ajo, el orégano, la canela, la nuez moscada y la pimienta negra a la sartén. Cocina hasta que las verduras estén tiernas. Agrega la salsa de tomate, el vino tinto y el perejil a la sartén. Cocina a fuego lento durante 10 minutos.

En un tazón aparte, combina el queso Parmesano, el huevo, el pan rallado, la leche y la mantequilla. Extiende la mitad de la mezcla de carne en el fondo de un molde para hornear de 9x13 pulgadas. Cubre con la mitad de la mezcla de pan rallado. Repite las capas. Hornea durante 30-35 minutos, o hasta que la parte superior esté dorada.

Información nutricional: Calorías 480, Grasa 27g, Carbs 28g, Proteína 31g

Shrimp Scampi

Ingredientes para 4 porciones

1 lb langostinos, pelados	6 dientes de ajo, picados	2 tzas fusilli, cocido
2 cdas aceite de oliva	1 limón, en jugo y ralladura	½ cdita chile seco
1 cebolla, cortada	½ tza vino blanco seco	Sal y pimienta negra al gusto

Instrucciones y tiempo total: aproximadamente 25 minutos

Calentar el aceite en una sartén a fuego medio. Saltear la cebolla y ajo por 3 minutos, removiendo frecuentemente. Incorporar los langostinos; cocinar por 3-4 minutos. Mezclar el jugo de limón, ralladura, sal, pimienta, vino y chile seco; hervir. Reducir la temperatura y cocinar durante 2 minutos hasta que el líquido reduzca a la mitad. Retirar del fuego. Incorporar la pasta y servir.

Información nutricional: Calorías 388, Grasa 9g, Carbs 38.2g, Proteína 32g

Spanakopita (Pastel de Espinacas)

Ingredientes para 6 porciones

1 libra de espinacas frescas, picadas	¼ tza de perejil fresco picado	1 paquete de masa filo (aproximadamente 14 hojas)
1 cebolla grande, picada	¼ tza de eneldo fresco picado	½ tza de mantequilla derretida
4 dientes de ajo, picados	¼ tza de aceite de oliva	
½ tza de queso feta desmenuzado	Sal y pimienta al gusto	

Instrucciones y tiempo total: aproximadamente 45 minutos

Precalienta el horno a 375°F. En una sartén grande, calienta el aceite de oliva a fuego medio. Agrega la cebolla y el ajo, y cocina hasta que estén dorados y fragantes. Agrega las espinacas a la sartén y cocina hasta que se marchiten. Retira del fuego y deja enfriar. En un tazón grande, mezcla las espinacas cocidas, la cebolla, el ajo, el queso feta, el perejil y el eneldo. Sazona con sal y pimienta al gusto. Mezcla bien todos los ingredientes.

Extiende una hoja de masa filo en una superficie de trabajo y cepilla con mantequilla derretida. Coloca otra hoja encima y repite el proceso hasta tener al menos 6 hojas apiladas. Coloca una porción de la mezcla de espinacas en un extremo de la masa filo apilada y dóblala como si estuvieras doblando una bandera, asegurando que el relleno esté bien envuelto. Repite el paso 6 con el resto de las hojas de masa filo y la mezcla de espinacas.

Coloca los pasteles de spanakopita en una bandeja para hornear forrada con papel de horno. Cepilla la parte superior con mantequilla derretida. Hornea en el horno precalentado durante aproximadamente 25-30 minutos, o hasta que estén dorados y crujientes. Retira del horno y deja enfriar durante unos minutos antes de servir.

Información nutricional: Calorías 340, Grasa 9g, Carbs 25g, Proteína 8g

Pollo Parmesano

Ingredientes para 4 porciones

4 pechugas de pollo deshuesadas y sin piel	2 huevos, batidos	1 tza de salsa marinara
Sal y pimienta al gusto	1 tza de pan rallado con sazón italiano	1 tza de queso mozzarella rallado
½ tza de harina para todo uso	½ tza de queso Parmesano rallado	
	¼ tza de aceite de oliva	

Instrucciones y tiempo total: aproximadamente 50 minutos

Precalienta el horno a 375°F. Sazona las pechugas de pollo con sal y pimienta. Coloca la harina, los huevos batidos y el pan rallado en platos separados y poco profundos. Pasa cada pechuga de pollo por harina, luego por huevo y finalmente por pan rallado. Calienta el aceite de oliva en una sartén grande a fuego medio-alto. Añade las pechugas de pollo a la sartén y cocínalas durante 3-4 minutos por cada lado, o hasta que estén doradas.

Transfiere las pechugas de pollo a una fuente para hornear. Cubre las pechugas de pollo con la salsa marinara y espolvorea el queso Parmesano y el queso mozzarella. Hornea durante 20-25 minutos, o hasta que el queso esté derretido y burbujeante. Sirve el Pollo Parmesano caliente y disfruta. ¡Buen provecho!

Información nutricional: Calorías 550, Grasa 28g, Carbs 25g, Proteína 47g

Baklava Turca

Ingredientes para 6 porciones

20 placas masa phyllo, a temperatura ambiente
1 tza mantequilla, derretida
1½ tzas nueces, picadas

1 cdita canela, molida
¼ cdita cardamomo molido
½ tza azúcar
½ tza miel

2 cdas jugo de limón
1 cda ralladura de limón.

Instrucciones y tiempo total: aproximadamente 40 minutos + tiempo de reposo

Hervir 1 tza de agua, azúcar, miel, ralladura y jugo de limón en una cacerola pequeña a fuego medio. Retirar del fuego y dejar enfriar. Precalentar el horno a 350ºF. En un recipiente, combinar las nueces, canela y cardamomo; reservar. Colocar la mantequilla en otro recipiente.

Acomodar una placa de masa phyllo en una bandeja; cubrir con mantequilla. Repetir el proceso 2 veces más. Agregar 1 cda de nueces. Colocar dos capas más de phyllo y mantequilla y 1 cda de nueces. Repetir el proceso hasta agotar los ingredientes, terminando en una capa de masa phyllo.

Formar 4 cortes horizontales sobre la baklava y luego 4 o 5 cortes más diagonalmente a través del molde. Hornear durante 30-40 minutos hasta quedar dorado. Retirar del horno y bañar con el jarabe. Dejar enfriar completamente antes de servir.

Información nutricional: Calorías 443, Grasa 27g, Carbs 47g, Proteína 6g

Panini Mediterráneo de Pavo

Ingredientes para 4 porciones

4 rebanadas de pan de masa madre
4 rebanadas de pechuga de pavo
4 rebanadas de queso provolone
¼ tza de pimientos rojos asados

¼ tza de corazones de alcachofa marinados
¼ tza de aceitunas kalamata en rodajas
2 cdas de aceite de oliva

1 cda de vinagre balsámico
Sal y pimienta al gusto

Instrucciones y tiempo total: aproximadamente 15 minutos

Precalienta una prensa para panini o una sartén grill a fuego medio-alto. En un tazón pequeño, mezcla el aceite de oliva, el vinagre balsámico, la sal y la pimienta. Unta un lado de cada rebanada de pan con la mezcla de aceite de oliva.

En el otro lado de cada rebanada de pan, coloca una capa de pechuga de pavo, queso provolone, pimientos rojos asados, corazones de alcachofa marinados y aceitunas kalamata en rodajas. Cubre cada sándwich con la rebanada de pan restante, con el lado untado de aceite hacia arriba.

Coloca los sándwiches en la prensa para panini o en la sartén grill y cocina durante 3-5 minutos, o hasta que el pan esté dorado y el queso esté derretido. Corta los sándwiches por la mitad y sírvelos de inmediato.

Información nutricional: Calorías 400, Grasa 22g, Carbs 27g, Proteína 25g

Ensalada de Tabbouleh

Ingredientes para 4 porciones

1 tza de trigo bulgur
1 ½ tzas de agua hirviendo
¼ tza de jugo de limón fresco
¼ tza de aceite de oliva

2 tzas de perejil fresco picado
½ tza de menta fresca picada
2 tomates medianos, cortados en cubitos
½ pepino, cortado en cubitos

¼ tza de cebollas verdes picadas
Sal y pimienta al gusto

Instrucciones y tiempo total: aproximadamente 30 minutos

En un tazón grande, combina el trigo bulgur y el agua hirviendo.

Cubre el tazón con una tapa o envoltura de plástico y deja reposar durante 20-30 minutos, o hasta que el trigo esté tierno y el agua se haya absorbido.

En un tazón aparte, mezcla el jugo de limón, el aceite de oliva, la sal y la pimienta. Agrega el perejil picado, la menta, los tomates, el pepino y las cebollas verdes al tazón con el trigo bulgur. Vierte la mezcla de jugo de limón sobre la ensalada y revuelve hasta que esté bien combinada. Cubre la ensalada y refrigérala durante al menos 1 hora, o hasta que esté fría.

Sirve la Ensalada de Tabbouleh fría como acompañamiento o como un almuerzo ligero.

Información nutricional: Calorías 200, Grasa 10g, Carbs 25g, Proteína 5g

BREAKFAST RECIPES

Frittata Picante con Queso

Ingredientes para 6 porciones

Ingredientes para 6 porciones
2 cdas aceite de oliva
12 huevos frescos

¼ tza half-and-half
½ cdita chile picante, picado
2 ½ tzas mozzarella rallada

Sal y pimienta negra al gusto

Instrucciones y tiempo total: aproximadamente 35 minutos

Precalentar el horno a 350ºF. En un recipiente, batir los huevos; agregar el half-and-half, sal y pimienta, remover bien. Calentar el aceite de oliva en una sartén a fuego medio. Saltear el chile durante 2-3 minutos. Agregar el mozzarella y los huevos batidos. Colocar la sartén en el horno y hornear durante 20-25 minutos hasta quedar firme. Dejar enfriar la frittata durante unos minutos antes de cortar en trozos. Servir caliente.

Información nutricional: Calorías 381, Grasa 31g, Carbs 2g, Proteína 25g

Shakshuka al Horno

Ingredientes para 4 porciones

2 cdas aceite de oliva virgen-extra
1 tza cebolla morada, cortada
1 pimiento rojo, cortado
1 tza patatas, en cubos pequeños

1 cdita ajo en polvo
1 (14.5oz) lata tomate picado
¼ cdita cúrcuma
¼ cdita pimentón

¼ cdita orégano seco
¼ cdita cardamomo en polvo
4 huevos, grandes
¼ tza cilantro fresco, picado

Instrucciones y tiempo total: aproximadamente 25 minutos

Precalentar el horno a 350ºF. Calentar el aceite de oliva en una sartén a fuego medio, saltear la cebolla por 3 minutos. Añadir el pimiento, patatas, orégano y ajo en polvo, cocinar durante 10 minutos, removiendo constantemente.

Agregar los tomates, cúrcuma, pimentón y cardamomo, remover hasta que empiece a hervir. Apagar el fuego. Con la ayuda de una cuchara de madera, formar 4 agujeros en la mezcla. Romper un huevo dentro de cada agujero. Colocar la sartén en el horno y hornear durante 5-10 minutos hasta que la clara esté cocida y la yema tierna. Decorar con cilantro para servir.

Información nutricional: Calorías 224, Grasa 12g, Carbs 19.7g, Proteína 9g

Huevos Florentina con Panceta

Ingredientes para 2 porciones

1 muffin inglés, tostado, por la mitad
¼ tza panceta picada
2 cditas salsa holandesa

1 tza espinacas
2 huevos, grandes
1 cda vinagre

Sal y pimienta negra al gusto

Instrucciones y tiempo total: aproximadamente 20 minutos

En una sartén a fuego medio, freír la panceta durante 5 minutos hasta quedar crujiente; reservar. Cocinar las espinacas por 2-3 minutos, hasta reducir el tamaño, reservar.

Hervir ½ tza de agua en una cacerola a fuego medio. Añadir 1 cda de vinagre y reducir la temperatura. Romper uno a uno los huevos en un cuenco pequeño y verter cuidadosamente en el agua hirviendo. Pochar los huevos durante 2-3 minutos hasta que la clara esté firma y la yema tierna; retirar cuidadosamente.

Dividir la espinaca entre las tostadas, agregar la pancetta y los huevos pochados. Decorar con la salsa holandesa y servir.

Información nutricional: Calorías 173, Grasa 7g, Carbs 17g, Proteína 11g

Avena de Frutos Rojos y Nuez

Ingredientes para 2 porciones

1 tza frutos rojos
1 ½ tzas copos de avena

2 cdas nueces, picadas
2 cditas jarabe de maple

Instrucciones y tiempo total: aproximadamente 10 minutos

Cocinar los copos de avena acorde a las instrucciones del paquete. Dividir la avena en dos cuencos. Calentar el jarabe de maple y los frutos rojos durante 30 segundos en el microondas, remover bien. Dividir entre los cuencos y decorar con nueces para servir.

Información nutricional: Calorías 262, Grasa 10g, Carbs 57g, Proteína 15g

Frittata con Panceta y Champiñones

Ingredientes para 4 porciones

2 cdas mantequilla
8 oz panceta, picada
½ cebolla, finamente cortada
1 tza champiñones, en rebanadas

8 huevos grandes
¼ tza crema espesa
1 cdita orégano seco
¼ cdita chile seco

½ tza mozzarella, deshebrada
8 tomates cherry, en mitades
4 aceitunas negras, en rebanadas

Instrucciones y tiempo total: aproximadamente 20 minutos

Derretir la mantequilla en una sartén a fuego medio. Agregar la panceta y freírla durante 4 minutos. Incorporar la cebolla y champiñones; cocinar por 3 minutos más, removiendo ocasionalmente.

En un recipiente, batir los huevos, crema espesa, orégano y chile seco. Verter sobre los vegetales y cocinar por 5-6 minutos hasta que el huevo esté hecho.

Esparcir el mozzarella y tomates cherry. Colocar la sartén en la parrilla y cocinar durante 4-5 minutos. Dejar enfriar ligeramente antes de cortar en trozos. Decorar con aceitunas negras y servir.

Información nutricional: Calorías 595, Grasa 43g, Carbs 14g, Proteína 38g

Frittata de Salmón

Ingredientes para 4 porciones

2 cdas aceite de oliva
1 tza queso crema
1 tza salmón ahumado, cortado

8 huevos
1 cdita eneldo, picado
2 cdas leche

Sal y pimienta negra al gusto

Instrucciones y tiempo total: aproximadamente 35 minutos

Precalentar el horno a 360ºF. En un recipiente, batir los huevos, queso crema, salmón, eneldo, leche, sal y pimienta. Calentar el aceite en una sartén a fuego medio; verter el huevo y cocinar durante 3-4 minutos. Colocar la sartén en el horno y dorar durante 5 minutos. Cortar en trozos antes de servir.

Información nutricional: Calorías 418, Grasa 37g, Carbs 3g, Proteína 19.6g

Huevos Revueltos Napoli

Ingredientes para 4 porciones

2 cdas aceite de oliva
1 pimiento verde, cortado
2 filetes de anchoa, cortados
8 tomates cherry, cortados

2 cebolletas, cortadas
1 cda alcaparras, drenadas
5 aceitunas negras, en rebanadas
6 huevos, batidos

¼ cdita orégano seco
1 cda perejil, picado
Sal y pimienta negra al gusto

Instrucciones y tiempo total: aproximadamente 20 minutos

Calentar el aceite de una sartén a fuego medio. Saltear el pimiento y cebolleta por 3 minutos. Agregar las anchoas, tomates cherry, alcaparras y aceitunas; cocinar por 2 minutos más. Verter los huevos, sal, pimienta y orégano; cocinar durante 5 minutos, removiendo constantemente. Decorar con perejil y servir.

Información nutricional: Calorías 260, Grasa 18g, Carbs 12g, Proteína 12g

Muffin de Ricota con Topping de Pera

Ingredientes para 4 porciones

16 oz queso ricota
2 huevos grandes
¼ tza harina

1 cda azúcar
1 cdita extracto de vainilla
¼ cdita nuez moscada

1 pera, en cubos
1 cda azúcar

Instrucciones y tiempo total: aproximadamente 42 minutos

Precalentar el horno a 400ºF. Engrasar 4 moldes para soufflé. En un recipiente, batir los huevos, ricota, harina, azúcar, vainilla y nuez moscada hasta obtener una mezcla homogénea. Dividir la mezcla entre los moldes y hornear durante 20-25 minutos. Dejar enfriar completamente antes de desmoldar.

Para el topping, en una cacerola a fuego bajo, colocar la pera, azúcar y 2 cdas de agua. Hervir durante 10 minutos hasta que la pera se ablande. Decorar los muffins con la salsa de pera.

Información nutricional: Calorías 329, Grasa 19g, Carbs 23g, Proteína 17g

Frittata de Jamón y Queso

Ingredientes para 4 porciones

2 batatas, hervidas, cortadas
2 cdas aceite de oliva
4 huevos, batidos
1 cebolla morada, cortada

¾ tza jamón, cortado
½ tza judías blancas, cocidas
2 cdas yogurt griego
10 tomates cherry, en mitades

¾ tza queso cheddar, rallado
Sal y pimienta negra al gusto

Instrucciones y tiempo total: aproximadamente 25 minutos

Calentar el aceite en una sartén a fuego medio. Saltear la cebolla por 2 minutos. Añadir la batata, jamón, judías blancas, yogurt, tomates, sal y pimienta, cocinar por 3 minutos más. Verter los huevos y queso cheddar, cubrir con una tapa y cocinar durante 10 minutos. Cortar en trozos antes de servir.

Información nutricional: Calorías 280, Grasa 18g, Carbs 9g, Proteína 12g

Pitas de Lentejas

Ingredientes para 4 porciones

4 pan pita, cortados horizontalmente
2 cdas aceite de oliva
1 tomate, en cubos

1 cebolla morada, cortada
1 diente de ajo, picado
¼ tza perejil, picado

1 tza lentejas, enguajadas
¼ tza jugo de limón
Sal y pimienta negra al gusto

Instrucciones y tiempo total: aproximadamente 20 minutos

En una cacerola a fuego alto, hervir suficiente agua con sal. Añadir las lentejas, reducir la temperatura y cocinar durante 15 minutos hasta que estén hechas. Escurrir y reservar.

Calentar el aceite de oliva en una sartén a fuego medio. Saltear la cebolla y ajo por 3 minutos. Incorporar el tomate, jugo de limón, sal y pimienta, cocinar por 10 minutos. Agregar las lentejas y perejil, remover. Rellenar el pan pita con la mezcla, enrollar y servir.

Información nutricional: Calorías 390, Grasa 2g, Carbs 68g, Proteína 29g

Tortilla de Patatas con Atún

Ingredientes para 4 porciones

7 oz atún en lata, en trozos
2 tomates pera, sin semillas, en cubos
2 cdas aceite de oliva

6 huevos grandes, batidos
2 patatas pequeñas, en cubos
2 cebollinos, cortados

1 pimiento rojo asado, en rebanadas
1 cdita estragón seco

Instrucciones y tiempo total: aproximadamente 30 minutos

Precalentar la parrilla en High. Calentar el aceite en una sartén a fuego medio. Freír las patatas por 7 minutos hasta que estén ligeramente suaves. Añadir el cebollino, cocinar por 3 minutos más. Incorporar el atún, tomates, pimiento, estragón y huevos; cocinar por 8-10 minutos. Colocar la sartén en la parrilla y dorar durante 5-6 minutos hasta que el huevo esté hecho. Cortar en trozos antes de servir.

Información nutricional: Calorías 422, Grasa 21g, Carbs 46g, Proteína 14g

Bowl de Couscous y Tomate con Pepino

Ingredientes para 4 porciones

2 cdas aceite de oliva
¾ tza couscous
1 tza agua
1 cebolla dulce, cortada

2 dientes de ajo, picados
2 tzas garbanzos en lata
1 (15 oz) lata tomate, cortado
1 pepino, en listones

½ tza aceitunas negras, cortadas
1 cda jugo de limón
1 cda hojas de menta, picadas
Sal al gusto

Instrucciones y tiempo total: aproximadamente 15 minutos

En un cuenco, colocar el couscous y agua hirviendo, cubrirlo y dejarlo reposar durante 5 minutos. Usando un tenedor, remueve ligeramente; reservar.

Calentar el aceite de oliva en una sartén a fuego medio. Saltear la cebolla y ajo por 3 minutos. Añadir los garbanzos, tomates y sal, cocinar por 1-2 minutos más. Retirar del fuego.

Incorporar el couscous, aceitunas y jugo de limón. Decorar con listones de pepino y menta para servir.

Información nutricional: Calorías 350, Grasa 11g, Carbs 50g, Proteína 12g

Ensalada de Arroz Integral con Feta

Ingredientes para 4 porciones

2 cdas aceite de oliva
½ tza arroz integral
1 lb berro de agua

1 tomate Roma, en rebanadas
4 oz queso feta, desmoronado
2 cdas albahaca fresca, picada

2 cdas jugo de limón
¼ cdita ralladura de limón
Sal y pimienta negra al gusto

Instrucciones y tiempo total: aproximadamente 10 minutos

En una cacerola a fuego alto, hervir suficiente agua con sal. Añadir el arroz integral y hervir durante 15-18 minutos. Escurrir y dejar enfríar completamente.

En un recipiente, mezclar el aceite, ralladura de limón, jugo de limón, sal y pimienta. Incorporar el berro, arroz y albahaca. Decorar con queso feta y rebanadas de tomate para servir.

Información nutricional: Calorías 480, Grasa 24g, Carbs 55g, Proteína 14g

Tostada de Anchoa con Espinaca

Ingredientes para 2 porciones

1 aguacate, machacado
4 anchoas, drenadas

4 rebanadas pan integral
1 tza espinaca baby

1 tomate, en rebanadas

Instrucciones y tiempo total: aproximadamente 5 minutos

Untar el puré de aguacate sobre las rebanadas de pan. Colocar las anchoas, espinaca baby y rebanadas de tomate. Servir inmediatamente.

Información nutricional: Calorías 300, Grasa 12g, Carbs 10g, Proteína 5g

Crostini de Prosciutto

Ingredientes para 1 porción

1 cdita aceite de oliva
2 rebanadas prosciutto
2 rebanadas ciabatta, tostadas

1 cda mostza Dijon
1 tomate, en rebanadas
¼ tza espinaca baby

Sal y pimienta negra al gusto

Instrucciones y tiempo total: aproximadamente 5 minutos

Cubrir un lado de cada ciabatta con mostaza. Añadir el prosciutto, tomate, espinaca, sal y pimienta. Rociar con aceite de oliva y servir.

Información nutricional: Calorías 250, Grasa 12g, Carbs 18g, Proteína 9g

Huevos con Tomate y Albahaca

Ingredientes para 2 porciones

2 cditas aceite de oliva
2 huevos, batidos

2 tomates, en cubos
1 cda albahaca, picada

1 cebollino, cortado
Sal y pimienta negra al gusto

Instrucciones y tiempo total: aproximadamente 25 minutos

Calentar el aceite de oliva en una sartén a fuego medio. Saltear los tomates, cebollino, sal y pimienta por 5 minutos. Añadir los huevos, cocinar por 10 minutos más. Deccorar con albahaca y servir.

Información nutricional: Calorías 310, Grasa 15g, Carbs 18g, Proteína 12g

Tomates Rellenos

Ingredientes para 4 porciones

1 cda aceite de oliva
1 calabacín pequeño, rallado

8 tomates, sin relleno
8 huevos

Sal y pimienta negra al gusto

Instrucciones y tiempo total: aproximadamente 40 minutos

Precalentar el horno a 360ºF. Engrasar una bandeja de horno. Colocar los tomates sobre la bandeja. En un recipiente, mezclar el calabacín, aceite, sal y pimienta; dividir la mezcla entre los tomates. Romper un huevo en cada tomate y hornear durante 20-25 minutos. Servir caliente.

Información nutricional: Calorías 280, Grasa 22g, Carbs 12g, Proteína 14g

Frittata de Berenjena y Kale

Ingredientes para 1 porción

1 cda aceite de oliva
3 huevos grandes
1 cdita leche

1 tza kale, cortado
½ berenjena, en cubos
¼ pimiento rojo, cortado

1 oz queso de cabra, en trozos
Sal y Pimienta al gusto

Instrucciones y tiempo total: aproximadamente 20 minutos

Precalentar la parrilla. En un recipiente, batir los huevos, leche, sal y pimienta. Calentar el aceite en una sartén a fuego medio. Verter los huevos y cubrir el fondo de la sartén. Agregar el kale, berenjena, pimiento, sal, y pimienta, cocinar por 3-5 minutos.

Esparcir el queso de cabra, colocar la sartén en la parrilla y dorar durante 5 minutos hasta que el huevo esté hecho. Cortar en rebanadas antes de servir.

Información nutricional: Calorías 622, Grasa 39g, Carbs 33g, Proteína 41g

Soufflé Napolitano

Ingredientes para 6 porciones

4 cdas aceite de oliva
¼ tza queso mozzarella, rallado
¼ tza aceituna negras, cortadas
½ tza leche

1 huevo
1 tza maicena
1 cdita polvo para hornear
3 tomates deshidratados, picados

2 cdas cilantro fresco, picado
¼ cdita sal kosher

Instrucciones y tiempo total: aproximadamente 25 minutos

Precalentar el horno a 360ºF. Engrasar moldes pequeños para soufflé.

En un recipiente, batir el huevo, leche y aceite de oliva. En otro recipiente, mezclar la sal, maicena, cilantro y polvo para hornear. Incorporar el huevo y remover hasta formar una mezcla homogénea. Añadir las aceitunas, tomates y queso mozzarella. Verter la mezcla sobre los moldes y hornear durante 18-20 minutos hasta que estén hechos. Servir caliente.

Información nutricional: Calorías 189, Grasa 11.7g, Carbs 19g, Proteína 4g

Frittata de Espinaca con Pimientos Asados

Ingredientes para 4 porciones

2 cdas aceite de oliva
1 tza pimiento asado, cortado
½ tza leche

8 huevos
1 cdita orégano seco
½ tza cebolla morada, cortada

4 tzas espinaca baby
1 tza queso de cabra, desmoronado
Sal y pimienta negra al gusto

Instrucciones y tiempo total: aproximadamente 30 minutos

Precalentar el horno a 360ºF. En un recipiente, batir los huevos, sal, pimienta y orégano. Reservar. Calentar el aceite en una sartén a fuego medio; saltear las cebollas durante 3 minutos hasta suavizar. Incorporar las espinacas, leche, queso de cabra y huevo, cocinar durante 2-3 minutos. Colocar la sartén en el horno y dorar durante 10-15 minutos hasta que esté hecho. Decorar con pimientos asados y servir.

Información nutricional: Calorías 260, Grasa 5g, Carbs 5g, Proteína 15g

Tortilla de Tomate-Albahaca y Ricota

Ingredientes para 2 porciones

1 cda aceite de oliva
½ pqt tomates cherry
2 dientes de ajo, picados

5 huevos grandes
3 cdas leche
2 cdas orégano fresco, picado

2 cdas albahaca fresca, picada
2 oz queso ricota, en trozos
Sal y pimienta negra al gusto

Instrucciones y tiempo total: aproximadamente 20 minutos

Calentar el aceite de oliva en una sartén a fuego medio. Añadir los tomates cherry, reducir la temperatura, cubrir la sartén y cocinar hasta que los tomates se ablanden. Retirar la tapa e incorporar el ajo, cocinar por 1-2 minutos más. Incrementar la temperatura.

En un recipiente, batir los huevos, leche, hierbas, sal y pimienta. Verter los huevos y queso ricota, cocinar por 7-8 minutos más, girando el omelet una vez. Servir caliente.

Información nutricional: Calorías 394, Grasa 29.6g, Carbs 6g, Proteína 26g

Huevos Revueltos Picantes

Ingredientes para 4 porciones

2 cdas aceite de oliva
1 cebolla morada pequeña, cortada
1 pimineto verde, cortado
½ cdita chile seco

1 jalapeño, en tiras
3 tomates medianos, cortados
1 cdas comino en polvo
1 cdita cilantro seco

4 huevos grandes, batidos
Sal y pimienta negra al gusto

Instrucciones y tiempo total: aproximadamente 35 minutos

Calentar el aceite en una sartén a fuego medio. Sofreír la cebolla por 5-7 minutos hasta quedar pochada. Añadir el pimiento y jalapeño, cocinar por 4-5 minutos más. Incorporar los tomates, comino, cilantro, sal y pimienta, cocinar durante 10 minutos. Verter los huevos, removiendo ligeramente para cubrir toda la mezcla. Tapar la sartén y cocinar durante 5-6 minutos hasta que los huevos estén hechos y esponjosos. Decorar con chile seco y servir.

Información nutricional: Calorías 171, Grasa 12.1g, Carbs 8g, Proteína 8.1g

Pita Sandwiches con Falafel y Salsa Tzatziki

Ingredientes para 4 porciones

1 (15-oz) lata garbanzos, drenados y enguajados

2 cdas aceite de oliva
½ tza hummus
½ tza pan rallado panko
1 huevo grande

2 cditas orégano seco
¼ cdita pimienta negra
1 pepino, rallado
1 tza yogurt griego

1 diente de ajo, picado
2 pan pita, mitades
4 rebanadas tomate
1 limón, ralladura

Instrucciones y tiempo total: aproximadamente 28 minutos

Aplastar los garbanzos con un pisa papas, hasta obtener una textura cremosa pero con algunos grumos. Añadir el hummus, pan rallado, huevo, orégano, ralladura de limón, y pimienta. Formar 4 bolas con la mezcla; aplastarlas ligeramente. Calentar el aceite en una sartén a fuego medio. Freír los falafels durante 10 minutos por ambos lados.

Para la salsa tzatziki, combinar el pepino, yogurt y ajo. Tostar el pan pita. Para servir, colocar un falafel, una rebanada de tomate y salsa tzatziki en el pan pita.

Información nutricional: Calorías 308, Grasa 8.2g, Carbs 45g, Proteína 15g

Pancakes con Fruta Fresca

Ingredientes para 4 porciones

2 cdas aceite de oliva
1 tza harina
1 tza leche
2 huevos, batidos

1/3 tza miel
1 cdita polvo para hornear
¼ cdita sal
1 plátano, en rebanadas

1 tza fresas, en rebanadas
1 cdas jarabe de maple

Instrucciones y tiempo total: aproximadamente 15 minutos

En un recipiente, mezclar la harina, leche, huevos, miel, polvos para hornear y sal; reservar. Calentar el aceite en una sartén a fuego medio. Verter ⅓ de la mezcla, cocinar por 2-3 minutos. Agregar un poco de fruta fresca, darle la vuelta y cocinar por 2-3 minutos más. Repetir el proceso hasta que no queden más ingredientes. Decorar con la fruta restante y jarabe de maple para servir.

Información nutricional: Calorías 415, Grasa 24g, Carbs 46g, Proteína 12g

Cupcakes de Kale

Ingredientes para 2 porciones

¼ tza kale, cortada
3 huevos
1 puerro, en rebanadas

4 cdas queso Parmesano, rallado
2 cdas leche de almendra
1 pimiento rojo, cortado

1 tomate, cortado
2 cdas mozzarella, rallada
Sal y pimienta negra al gusto

Instrucciones y tiempo total: aproximadamente 30 minutos

Precalentar el horno a 360°F. Engrasar un molde para muffins. En un recipiente, batir los huevos, leche, kale, puerro, parmesano, pimiento, tomate, mozzarella, sal y pimienta. Verter la mezcla en el molde y hornear durante 20-25 minutos. Dejar enfriar completamente antes de servir.

Información nutricional: Calorías 320, Grasa 20g, Carbs 9g, Proteína 26g

Frittata de Ricota y Alcachofas

Ingredientes para 4 porciones

4 oz corazón de alcachofa, en cuartos
2 cdas aceite de oliva
4 huevos grandes

1 cdita hierbas secas
1 tza kale, cortado
8 tomates cherry, en mitades

½ tza queso ricota, en trozos
Sal y pimienta negra al gusto

Instrucciones y tiempo total: aproximadamente 20 minutos

Precalentar el horno a 360ºF. En un recipiente, batir los huevos, hierbas, sal y pimienta; reservar. Calentar el aceite en un sartén a fuego medio. Saltear el kale, alcachofa y tomates cherry por 1-2 minutos. Verter la mezcla de huevo; cocinar durante 3-4 minutos.

Esparcir el ricotta sobre la frittata y dorar durante 5 minutos hasta que el huevo esté hecho. Girar la frittata y cortar en rebanadas para servir.

Información nutricional: Calorías 527, Grasa 47g, Carbs 10g, Proteína 21g

Frittata de Alcachofa y Espinaca

Ingredientes para 4 porciones

4 oz lata alcachofa, cortada
2 cdas aceite de oliva
½ tza leche entera
8 huevos

1 tza espinacas, cortadas
1 diente de ajo, picado
½ tza queso Parmesano, en trozos
1 cdita orégano seco

1 chile jalapeño, picado
Sal al gusto

Instrucciones y tiempo total: aproximadamente 55 minutos

Precalentar el horno a 360ºF. Engrasar una bandeja de horno. Calentar el aceite en una sartén a fuego medio. Saltear el ajo y espinaca por 3 minutos; reservar.

En un recipiente, batir los huevos; incorporar las alcachofas, leche, parmesano, orégano, jalapeño y sal. Añadir las espinacas. Transferirlo a la bandeja y hornear durante 20 minutos. Cortar en trozos antes de servir.

Información nutricional: Calorías 190, Grasa 14g, Carbs 5g, Proteína 10g

Frittata Vegetariana

Ingredientes para 4 porciones

2 cdas aceite de oliva
½ lb coliflor
½ tza leche desnatada

6 huevos
1 pimiento rojo, cortado
½ tza queso fontina, rallado

½ cdita chile rojo
½ cdita cúrcuma
Sal y pimienta negra al gusto

Instrucciones y tiempo total: aproximadamente 30 minutos

Precalentar el horno a 360ºF. Batir los huevos con la leche, añadir el queso, chile rojo, cúrcuma, sal y pimienta. Incorporar el pimiento. Calentar el aceite de oliva en una sartén a fuego medio. Verter el huevo y cocinar durante 4-5 minutos. Reservar.

En una cacerola, hervir agua con sal. Agregar la coliflor, cocinar durante 5 minutos hasta quedar suave. Incorporarla a la frittata. Colocar la sartén en el horno y dorar durante 15 minutos. Dejar enfriar ligeramente antes de cortar en rebanadas y servir.

Información nutricional: Calorías 312, Grasa 18g, Carbs 17g, Proteína 21g

Muffins Estilo Italiano

Ingredientes para 4 porciones

3 cdas aceite de oliva
½ tza queso ricota, desmoronado
1 lb calabacín, en espiral

¼ tza cebolla dulce, cortada
4 huevos grandes
½ cdita pimentón picante

2 cdas perejil fresco, picado
Sal y pimienta negra al gusto

Instrucciones y tiempo total: aproximadamente 20 minutos

Precalentar el horno a 350ºF. Engrasar un molde para muffins.

En un recipiente, mezclar el calabacín, cebolla, aceite, sal y pimienta. Dividir la mezcla entre los muffins. Romper un huevo en cada uno de los muffins. Añadir sal y pimentón. Hornear durante 12 minutos hasta que estén hechos. Decorar con queso ricota y perejil para servir.

Información nutricional: Calorías 226, Grasa 4.6g, Carbs 6.6g, Proteína 11g

Parfait de Calabaza

Ingredientes para 4 porciones

1 (15-oz) lata puré de calabaza
4 cditas miel
1 cdita sazonador pumpkin pie

¼ cdita canela en polvo
2 tzas yogurt griego
1 tza granola con miel

2 cdas semillas de granada

Instrucciones y tiempo total: aproximadamente 5 minutos + tiempo de reposo

En un recipiente, mezclar el puré de calabaza, miel, sazonador pumpkin pie y canela. En vasos individuales formar una capa con la mezcla de calabaza, una de yogurt, finalmente una de granola. Repetir las capas hasta que no queden más ingredientes. Decorar con semillas de granada. Dejar reposar en la nevera durante 3 horas antes de servir.

Información nutricional: Calorías 264, Grasa 9.2g, Carbs 35g, Proteína 15g

Sandwich de Prosciutto

Ingredientes para 4 porciones

1 tomate grande, maduro, en 8 rebanadas
8 rebanadas pan integral
1 aguacate

8 hojas lechuga romana
8 rebanadas prosciutto
1 cda cilantro, picado

Sal y pimienta negra al gusto

Instrucciones y tiempo total: aproximadamente 10 minutos

En un recipiente, aplastar el aguacate, sal y pimienta hasta obtener una mezcla cremosa. Untar sobre 4 rebanadas de pan. Agregar una capa de lechuga, una de tomate y otra de prosciutto, repetir las capas hasta que no queden más ingredientes. Espolvorear con cilantro y cubrir con el pan restante. Servir caliente.

Información nutricional: Calorías 262, Grasa 12.2g, Carbs 35g, Proteína 8g

Frittata de Champiñones

Ingredientes para 4 porciones

1 tza champiñón común, en rebanadas
2 cdas aceite de oliva
2 cebolletas, cortadas

8 tomates cherry, en mitades
6 huevos
½ tza leche

¼ tza queso parmesano, rallado
½ cda sazonador italiano
Sal y pimienta negra al gusto

Instrucciones y tiempo total: aproximadamente 30 minutos

Precalentar el horno a 370ºF. En un recipiente, batir los huevos, leche, sazonador italiano, sal y pimienta; reservar. Calentar el aceite de oliva en una sartén a fuego medio. Sofreir los champiñones, cebolleta y tomates cherry durante 5 minutos. Verter el huevo, cocinar durante 5 minutos más hasta que el huevo esté hecho. Esparcir el queso parmesano y hornear durante 6-7 minutos hasta que el queso se derrita. Cortar en trozos y servir.

Información nutricional: Calorías 227, Grasa 15g, Carbs 13g, Proteína 13g

Magdalenas de Champiñones

Ingredientes para 6 porciones

6 huevos
1 tza queso gruyere, rallado

1 cebolla blanca, cortada
1 tza champiñones, en rebanadas

½ tza aceitunas verdes, cortadas
Sal y pimienta negra al gusto

Instrucciones y tiempo total: aproximadamente 40 minutos

Precalentar el horno a 360ºF. Engrasar un molde para muffins.

En un recipiente, batir los huevos, queso gruyere, cebolla, champiñones, aceitunas, sal y pimienta. Dividir la mezcla entre los muffins y hornear durante 30 minutos. Servir inmediatamente.

Información nutricional: Calorías 120, Grasa 6g, Carbs 10g, Proteína 8g

Frittata de Salmón y Mozzarella

Ingredientes para 4 porciones

2 cditas aceite de oliva
1 bola mozzarella fresca, cortada
8 huevos frescos
½ tza leche entera

1 cebolleta, cortada
¼ tza albahaca fresca, picada
3 oz salmón ahumado, picado
Sal y pimienta negra al gusto

Instrucciones y tiempo total: aproximadamente 15 minutos

Precalentar la parilla a temperatura media. En un recipiente, batir los huevos, leche, cebolleta, albahaca, sal y pimienta.

Calentar el aceite de oliva en una sartén a fuego medio. Verter los huevos, añadir el mozzarella y cocinar por 3-5 minutos hasta que la frittata esté hecha por abajo y líquida por encima. Esparcir el salmón y asar durante 1-2 minutos hasta estar hecha y esponjosa. Cortar en trozos y servir.

Información nutricional: Calorías 351, Grasa 13g, Carbs 6g, Proteína 52g

Cupcakes al Pesto con Salami

Ingredientes para 4 porciones

½ tza pimientos asados, cortados	4 oz salami italiano, en rebanadas	1½ pesto de albahaca
1 cdas aceite de oliva	1/3 tza espinacas, cortadas	Sal y Pimienta al gusto
5 huevos	¼ tza queso ricota, desmoronado	

Instrucciones y tiempo total: aproximadamente 25 minutos

Precalentar el horno a 380ºF. Engrasar con aceite de oliva 6 moldes para soufflé. Colocar en el fondo de cada molde rebanadas de salami. Agregar la espinaca, queso ricota y pimientos asados. En un recipiente, batir los huevos, pesto, sal y pimienta. Verter en los moldes. Hornear durante 15 minutos y servir.

Información nutricional: Calorías 120, Grasa 8g, Carbs 2g, Proteína 10g

Avena de Calabaza

Ingredientes para 4 porciones

¼ tza semillas de calabaza	1 tza puré de calabaza	1 ¾ tzas agua
½ tza leche	2 cdas azúcar refinada	¼ cdita sal marina
1 tza copos de avena old-fashioned	½ cdita canela en polvo	

Instrucciones y tiempo total: aproximadamente 15 minutos

En una cacerola a fuego medio, hervir la leche, sal y agua. Añadir los copos de avena, reducir la temperatura y hervir durante 5 minutos, removiendo ocasionalmente. Dejar reposar cubierta durante 5 minutos más. Agregar el puré de calabaza, canela y azúcar, mezclar bien. Decorar con las semiillas de calabaza y servir.

Información nutricional: Calorías 143, Grasa 5.4g, Carbs 20.8g, Proteína 5g

Huevos Primavera

Ingredientes para 4 porciones

2 cdas aceite de oliva	½ tza pimiento verde, cortado	1 cda perejil fresco, picado
6 tomates cherry, por la mitad	8 huevos, batidos	1 cda albahaca fresca, picada
½ tza calabacín, cortado	1 chalota, picada	Sal y pimienta negra al gusto

Instrucciones y tiempo total: aproximadamente 15 minutos

Calentar el aceite de oliva en una sartén a fuego medio. Saltear el calabacín, pimiento, chalota, sal y pimienta durante 4-5 minutos. Agregar los tomates, perejil y albahaca, cocinar por 1 minuto más. Verter los huevos, reducir la temperatura y cocinar por 6-7 minutos hasta que los huevos estén hechos. Servir caliente.

Información nutricional: Calorías 205, Grasa 15g, Carbs 4g, Proteína 12g

Canastas de Calabacín con Huevo

Ingredientes para 4 porciones

2 cdas aceite de oliva	1 lb calabacín, rallado	2 cdas perejil, picado
4 huevos	½ chile rojo, picado	Sal y pimienta negra al gusto

Instrucciones y tiempo total: aproximadamente 25 minutos

Precalentar el horno a 360ºF. Engrasar una bandeja de horno.

En un recipiente, mezclar el calabacín, aceite, sal y pimienta. Formar pequeñas canastas en la bandeja. Romper un huevo en cada canasta. Salpimentar. Esparcir el chile rojo. Hornear durante 11 minutos hasta que los huevos estén hechos. Decorar con perejil para servir.

Información nutricional: Calorías 141, Grasa 11.6g, Carbs 4.2g, Proteína 7g

Huevos Revueltos con Salmón

Ingredientes para 4 porciones

2 cdas aceite de oliva
4 oz salmón ahumado, en trozos
½ cebolla morada, finamente picada

8 huevos
½ cdita ajo en polvo
1 cebollín, picado

2 cdas aceitunas verdes, cortadas
Sal y pimienta negra al gusto

Instrucciones y tiempo total: aproximadamente 15 minutos

En un recipiente, batir los huevos, ajo en polvo, sal y pimienta; reservar. Calentar el aceite de oliva en una sartén a fuego medio.. Agregar la cebolla y saltear por 1-2 minutos. Añadir las aceitunas y el salmón, cocinar por un minuto más. Verter el huevo y cocinar durante 5-6 minutos hasta que los huevos estén hechos. Decorar con cebollín para servir.

Información nutricional: Calorías 233, Grasa 17.5g, Carbs 3g, Proteína 18g

Tortilla de Patatas

Ingredientes para 4 porciones

1½ lb patatas golden, peladas y en tiras
½ tza aceite de oliva

1 cebolla dulce, finamente rebanada
8 huevos

½ cdita orégano seco
Sal al gusto

Instrucciones y tiempo total: aproximadamente 35 minutos

Calentar el aceite de oliva en una sartén a fuego medio. Añadir las patatas y freír durante 8-10 minutos. Agregar la cebolla, orégano y sal, cocinar durante 5-6 minutos hasta que las patatas estén suaves. Reservar.

En un recipiente, batir los huevos con un pizca de sal. Incorporar las patatas. Verter la mezcla en la sartén y cocinar durante 10-12 minutos. Con la ayuda de un plato, girar la tortilla y cocinar por 2 minutos más. Cortar en rebanadas y servir.

Información nutricional: Calorías 440, Grasa 34g, Carbs 22g, Proteína 14g

Pan Casero de Aceituna y Semillas

Ingredientes para 6 porciones

¼ tza aceite de oliva
4 tza harina de trigo
3 cdas orégano, picado

2 cditas levadura seca
1 tza aceitunas negras, en rebanadas
1 tza agua caliente

½ tza queso feta, en trozos
1 cdas semillas de amapola
1 huevo, batido

Instrucciones y tiempo total: aproximadamente 40 minutos + tiempo de reposo

En un recipiente, combinar la harina, agua, levadura y aceite de oliva; amasar constantemente hasta formar una masa. Colocarla en un recipiente y cubrirlo con plástico; dejar reposar durante 60 minutos hasta que doble su tamaño.

Retirar el plástico; incorporar el orégano, aceitunas y queso feta. Transferirla a una superficie plana cubierta de harina y amasar de nuevo. Formar 6 bolas con la masa. Acomodarlas en una bandeja de horno con papel de horno y dejarlas reposar durante 40 minutos más.

Precalentar el horno a 390ºF. Untar las bolas con huevo y espolvorear las semillas de amapola. Hornear durante 25-30 minutos. Servir caliente.

Información nutricional: Calorías 260, Grasa 8g, Carbs 40g, Proteína 7g

Bruschetta de Espinaca y Ricota

Ingredientes para 2 porciones

2 rebanadas de pan de masa madre, tostadas
1 aguacate
2 cdas queso ricota, desmoronado

½ jugo de limón
1 tza espinaca baby

3 rábanos, en rebanadas pequeñas
Sal y pimienta negra al gusto

Instrucciones y tiempo total: aproximadamente 15 minutos

En un recipiente, machacar el aguacate, jugo de limón, sal y pimienta hasta obtener una mezcla cremosa. Untar sobre las rebanadas de pan. Añadir la espinaca y el queso ricota. Decorar con rebanadas de rábano y servir.

Información nutricional: Calorías 323, Grasa 22g, Carbs 28.3g, Proteína 8g

SALADS

Ensalada Toscana

Ingredientes para 4 porciones

½ cebolla morada, en rebanadas delgadas
2 tzas mix tomate cherry, en cuartos
4 rebanadas pan, sin corteza, en cubos
4 cdas aceite de oliva virgen-extra
1 pepino, en rodajas

¼ tza albahaca fresca, picada
½ cdita orégano seco
1 cda alcaparras
1 diente de ajo, picado

¼ tza vinagre de vino tinto
2 filetes anchoa, cortados
Sal y pimienta negra al gusto

Instrucciones y tiempo total: aproximadamente 25 minutos

Precalentar el horno a 320ºF. Colocar los cubos de pan en una bandeja de horno, rociarlos con 2 cdas de aceite y tostarlos por 6-8 minutos hasta quedar crujientes, removiendo ocasionalmente. Dejarlos enfriar completamente.

En un cuenco grande, mezclar los tomates cherry, pepino, cebolla, albahaca, anchoas, alcaparras y pan tostado; reservar.

En otro recipiente, batir el aceite restante, orégano, vinagre, ajo, sal y pimienta. Verter sobre la ensalada y mezclar bien. Servir inmediatamente.

Información nutricional: Calorías 228, Grasa 21.6g, Carbs 8.2g, Proteína 2g

Ensalada de Pasta con Espinaca

Ingredientes para 6 porciones

1½ tzas farfalle
1 tza espinaca baby, limpia, cortada
8 tomates deshidratos, en tiras
1 zanahoria, rallada
2 cebollinos, en rebanadas delgadas

1 diente de ajo, picado
1 pepinillo, cortado
1/3 tza aceite de oliva virgen-extra
1 cda vinagre de vino tinto
1 cda jugo de limón

½ tza yogurt griego
1 cdita orégano fresco
1 tza queso feta, desmoronado
Sal y pimienta negra al gusto

Instrucciones y tiempo total: aproximadamente 45 minutos + tiempo de enfriamiento

En una cacerola a fuego medio, hervir agua con sal; agregar el farfalle y cocinar por 7-9 minutes hasta quedar al dente. Escurrir y dejar enfriar completamente. En un recipiente, combinar la espinaca, tomates, zanahoria, cebollino, ajo, pepinillo y pasta. En otro recipiente, batir el aceite, vinagre, jugo de limón, yogurt, orégano, sal y pimienta. Verter sobre la ensalada, mezclar bien. Decorar con queso feta para servir.

Información nutricional: Calorías 239, Grasa 14g, Carbs 20g, Proteína 8g

Ensalada de Espinaca y Judías

Ingredientes para 4 porciones

½ tza judías blancas, en lata, drenadas
2 cdas aceite de oliva
2 tza espinaca baby

1 tza aceitunas negras, en mitades
2 cdas semillas de girasol
1 cda mostza Dijon

2 cdas vinagre balsámico

Instrucciones y tiempo total: aproximadamente 10 minutos

En una ensaladera, combinar las judías, aceite, espinaca, semillas de girasol, mostaza y vinagre. Servir inmediatamente.

Información nutricional: Calorías 290, Grasa 7g, Carbs 11g, Proteína 13g

Ensalada Caesar Ligera

Ingredientes para 6 porciones

½ tza buttermilk
4 cdas mayonesa light
1 cda mostza Dijon
2 cdas jugo de limón

¼ cdita salsa inglesa
2 dientes de ajo, picados
¼ tza queso Parmesano, rallado
¼ cdita pimienta de cayena

1 lechuga, en hojas
1 tza croutons
¼ tza Parmesano, en láminas
Sal y pimienta negra al gusto

Instrucciones y tiempo total: aproximadamente 10 minutos

En un recipiente, batir enérgicamente el buttermilk, mayonesa, mostaza, jugo de limón, salsa inglesa y ajo hasta incorporar completamente todos los ingredientes. Incorporar el queso rallado, cayena, sal y pimienta. Colocar la lechuga en una ensaladera, aliñarla con el aderezo. Agregar el pollo, croutons y láminas de queso. Servir.

Información nutricional: Calorías 107, Grasa 5g, Carbs 12g, Proteína 5g

Ensalada de Lentejas

Ingredientes para 4 porciones

1 tza lentejas rojas, lavadas
1 cdita mostza amarilla
½ limón, en jugo
2 cdas salsa tamari
2 cebollinos, picados

¼ tza aceite de oliva virgen-extra
2 dientes de ajo, picados
1 tza lechuga butterhead, en trozos
2 cdas perejil fresco, picado
2 cdas cilantro fresco, picado

1 cdita albahaca fresca
1 cdita orégano fresco
12 tomates cherry, en mitades
6 aceitinas Kalamata, en mitades

Instrucciones y tiempo total: aproximadamente 25 minutos + tiempo reposo

En una cacerola grande a fuego alto, agregar 5 tzas de agua, sal y lentejas; hervir. Reducir la temperatura y hervir durante 15-18 minutos hasta que las lentejas estén hechas. Escurrir y dejar enfriar completamente. En un recipiente, combinar las lentejas y el resto de los ingredientes. Decorar con las aceitunas para servir.

Información nutricional: Calorías 348, Grasa 16g, Carbs 41g, Proteína 16g

Ensalada Libanesa

Ingredientes para 4 porciones

Para la Ensalada

1 lechuga romana, en hojas
1 tza semillas de girasol, tostadas

1 pepino libanes, en rodajas
1 cda cilantro, picado

2 cdas aceitunas negras, sin hueso
8 tomates cherry, en mitades

Para el Dressing

1 limón, en jugo
½ cdita mix de hierbas mediterráneas

2 cdas cebolla, cortada
½ cdita pimentón

½ cdita ajo, picado
Sal y pimienta negra al gusto

Instrucciones y tiempo total: aproximadamente 15 minutos

En un recipiente, combinar todos los ingredientes de la ensalada. En otro recipiente, mezclar todos los ingredientes del aderezo hasta formar una mezcla cremosa. Verter sobre la ensalada y servir.

Información nutricional: Calorías 210, Grasa 16g, Carbs 7g, Proteína 8g

Ensalada de Endivia, Fruta y Gorgonzola

Ingredientes para 4 porciones

2 cdas queso gorgonzola, en trozos
¼ tza aceite de oliva virgen-extra
4 manzanas, sin piel, en rebanadas
2 kiwis, cortados

1 cda jugo de limón
½ tza endivia rizada
½ tza fresas, en rebanadas
½ tza nueces, picadas

¼ tza vinagre balsámico
2 cdas semillas de sésamo
Sal y pimienta negra al gusto

Instrucciones y tiempo total: aproximadamente 10 minutos

En un recipiente, combinar las manzanas y jugo de limón. Incorporar las fresas, kiwis, endivias, queso gorgonzola y nueces. En otro recipiente, mezclar el vinagre, aceite, sal y pimienta. Verter sobre la ensalada; mezclar bien. Dividir en cuencos individuales y decorar con semillas de sésamo para servir.

Información nutricional: Calorías 354, Grasa 16g, Carbs 51g, Proteína 3g

Ensalada de Patata y Huevo

Ingredientes para 6 porciones

¼ tza aceite de oliva
2 lb patatas, pelada, en rebanadas
4 cebolletas, cortadas

½ tza hinojo, en rebanadas
2 huevos
2 cdas jugo de limón fresco

1 cda alcaparras
½ cdita mostza Dijon
Sal y pimienta negra al gusto

Instrucciones y tiempo total: aproximadamente 25 minutos

En una cacerola a fuego medio, colocar los huevos con suficiente agua; hervir. Retirar del fuego, cubrir la cacerola y dejar reposar durante 10 minutos. Retirarlos y dejarlos enfriar completamente. Pelarlos y cortarlos en rebanadas.

En una cacerola a fuego medio, colocar las patatas con suficiente agua; hervir. Reducir la temperatura y hervir durante 8-10 minutos hasta que estén suaves.

En un recipiente, mezclar el aceite, jugo de limón, mostaza, sal y pimienta. Incorporar las patatas, huevo, alcaparras, cebolletas e hinojo; mezclar bien. Servir inmediatamente.

Información nutricional: Calorías 183, Grasa 10.6g, Carbs 20g, Proteína 4g

Ensalada de Endivia y Salmón

Ingredientes para 4 porciones

4 oz salmón ahumado, en trozos
2 endivias rizadas, en hojas
2 cditas mostza amarilla

¼ tza jugo de limón
½ tza yogurt griego
1 pepino, en rodajas

2 cdas cebollín, picado
Sal y pimienta negra al gusto

Instrucciones y tiempo total: aproximadamente 5 minutos

Combinar la endivia rizada, salmón, mostaza, jugo de limón, yogurt, pepino, cebollín, sal y pimienta en un recipiente. Servir inmediatamente.

Información nutricional: Calorías 260, Grasa 18g, Carbs 24g, Proteína 17g

Ensalada de Lenteja y Pimiento

Ingredientes para 4 porciones

2 tomates, cortados
1 pimiento verde, cortado
14 oz lentejas, en lata, drenadas

2 cebolletas, cortadas
1 pimiento rojo, cortado
2 cdas cilantro, picado

2 cditas vinagre balsámico

Instrucciones y tiempo total: aproximadamente 10 minutos

Combinar las lentejas, cebolletas, tomates, pimientos, cilantro y vinagre en un recipiente. Servir inmediatamente.

Información nutricional: Calorías 210, Grasa 3g, Carbs 12g, Proteína 7g

Salpicón de Mariscos

Ingredientes para 4 porciones

2 cdas aceite de oliva
2 tzas aceitunas, picadas
1 pulpo, tentáculos separados
2 oz aros de calamar

3 dientes de ajo, picados
1 cebolla blanca, cortada
¾ tza caldo de pollo
2 tzas berro, cortado

1 tza perejil, picado
1 cda vinagre de vino tinto
Sal y pimienta negra al gusto

Instrucciones y tiempo total: aproximadamente 50 minutos

En una cacerola a fuego medio, colocar el pulpo, caldo, calamares, sal y pimienta; hervir. Cocinar durante 40 minutos. Escurrir y dejar enfria completamente. Cortar los tentáculos en trozos.

En un recipiente, combinar el pulpo, calamar, ajo, cebolla, berro, aceitunas, perejil, vinagre y aceite; mezclar. Servir.

Información nutricional: Calorías 300, Grasa 11g, Carbs 23g, Proteína 9g

Ensalada de Pimiento y Espinaca

Ingredientes para 4 porciones

10 oz espinca baby
1 pimiento rojo, en tiras

2 tza maíz dulce
1 limón, ralladura y jugo

Sal y pimienta negra al gusto

Instrucciones y tiempo total: aproximadamente 10 minutos

En un recipiente, combinar el pimiento, maíz, jugo de limón, ralladura de limón, espinaca, sal y pimienta. Servir.

Información nutricional: Calorías 190, Grasa 9g, Carbs 6g, Proteína 2g

Ensalada de Anchoas con Vinagreta de Mostaza

Ingredientes para 6 porciones

½ tza aceite de oliva
½ limón, en jugo
1 cdita mostza Dijon
¼ cdita miel

4 tomates. en cubos
1 pepino, en cubos
1 lb arúgula
1 cebolla morada, en rebanadas delgadas

2 cdas perejil, picado
4 filetes anchoa, cortados
Sal y pimienta negra al gusto

Instrucciones y tiempo total: aproximadamente 10 minutos

En un recipiente, mezclar el aceite, jugo de limón, miel, mostaza, sal y pimienta hasta emulsionar; reservar. En otro recipiente, combinar los tomates, pepino, arúgula, cebolla y perejil. Agregar las anchoas. Verter la vinagreta sobre la ensalada antes de servir.

Información nutricional: Calorías 168, Grasa 6g, Carbs 29g, Proteína 8g

Deliciosa Ensalada Verde

Ingredientes para 4 porciones

1 cda aceite de oliva
10 aceitunas verdes, en rodajas
4 tza arúgula baby

1 cda alcaparras, drenadas
1 cda vinagre balsámico
1 cdita ralladura de limón

1 cda jugo de limón
1 cdita perejil, picado
Sal y pimienta negra al gusto

Instrucciones y tiempo total: aproximadamente 10 minutos

Mezclar las alcaparras, aceitunas, vinagre, ralladura de limón, jugo de limón, aceite, perejil, sal, pimienta y arúgula en una ensaladera. Servir.

Información nutricional: Calorías 160, Grasa 4g, Carbs 4g, Proteína 5g

Ensalada de Tomate y Zanahoria

Ingredientes para 4 porciones

2 cdas aceite de oliva
4 tomates, cortados
1 zanahoria, rallada

¼ tza jugo de limón agrio
1 diente de ajo, picado
1 lechuga, cortada

2 cebollinos, cortados
½ tza cilantro, picado
Sal y pimienta negra al gusto

Instrucciones y tiempo total: aproximadamente 10 minutos

Combinar el jugo de limón, ajo, sal, pimienta, aceite, zanahoria, lechuga, cebolla, tomates y cilantro en una ensaladera. Servir fria.

Información nutricional: Calorías 120, Grasa 4g, Carbs 4g, Proteína 3g

Ensalada de Radicchio con Pasas

Ingredientes para 4 porciones

3 cdas aceite de oliva
1 tza radicchio, rallado
1 lechuga, en hojas

1 tza pasas
2 cdas jugo de limón
¼ tza cebollín, picado

1 cda semillas de girasol
Sal y pimienta negra al gusto

Instrucciones y tiempo total: aproximadamente 10 minutos

Mezclar el aceite, pasas, jugo de limón, cebollín, radicchio, lechuga, sal, pimienta y semillas de girasol en un recipiente. Servir.

Información nutricional: Calorías 70, Grasa 3g, Carbs 3g, Proteína 1g

Ensalada de Espinaca con Tomate Cherry

Ingredientes para 4 porciones

¼ tza aceite de oliva
4 tza espinaca baby

10 tomates cherry, en mitades
¼ tza semillas de calabaza

½ limón, en jugo
Sal y pimienta negra al gusto

Instrucciones y tiempo total: aproximadamente 15 minutos

En una sartén a fuego medio, tostar las semillas de calabaza durante 2 minutos, removiendo constantemente. Dejarlas enfriar. En una taza, mezclar el aceite, jugo de limón, sal y pimienta hasta emulsionar; reservar. En una ensaladera, colocar la espinaca. Agregar los tomates. Verter la vinagreta. Decorar con las semillas de calabaza y servir.

Información nutricional: Calorías 199, Grasa 14g, Carbs 36g, Proteína 2g

Ensalada Caliente de Kale y Pimiento

Ingredientes para 4 porciones

1 cda aceite de oliva
4 tzas kale, en hojas

2 dientes de ajo, picados
1 pimiento rojo, en cubos

½ limón, en jugo
Sal y pimienta negra al gusto

Instrucciones y tiempo total: aproximadamente 15 minutos

Calentar el aceite en una sartén a fuego medio. Sofreir el ajo por 1 minuto. Añadir el pimiento, cocinar por 4-5 minutos hasta que el pimiento esté suave. Incorporar el kale; cocinar por 3-4 minutos hasta que se marchite. Retirar del fuego. Transferir la mezcla a un recipiente. Agregar el jugo de limón, sal y pimienta. Servir inmediatamente.

Información nutricional: Calorías 123, Grasa 4g, Carbs 22g, Proteína 6g

Ensalada de Espinaca, Huevo y Nueces

Ingredientes para 4 porciones

2 cdas aceite de oliva
10 oz espinaca baby
6 huevos

1 limón agrio, en jugo
1 tza queso feta, en trozos
2 cdas mostza

8 tomates deshidratados, cortados
1 tza nueces, picadas
Sal y pimienta negra al gusto

Instrucciones y tiempo total: aproximadamente 10 minutos

En una cacerola a fuego medio, hervir agua con sal. Añadir los huevos, cocinar durante 10 minutos. Transferirlos a un baño con hielo y dejarlos enfriar. Pelar los huevos y cortarlos.

Colocar la espinaca en un platón. En un recipiente, mezclar el aceite, huevos, jugo de limón, feta, mostaza, tomates, nueces, sal y pimienta. Agregar la mezcla sobre la cama de espinaca y servir.

Información nutricional: Calorías 300, Grasa 9g, Carbs 16g, Proteína 7g

Ensalada Italiana de Atún

Ingredientes para 4 porciones

¼ cebolla morada, en rebanadas delgadas
2 (5-oz) latas atún en aceite, drenado, en trozos

4 tzas mix ensalada primavera
1 (15-oz) lata judías blancas
1/3 tza queso feta, en trozos
6 tomates deshidratados,en tiras

10 aceitunas Kalamata, en rodajas
2 cebolletas, en rebanadas delgadas
3 cdas aceite de oliva virgen-extra
½ cdita cilantro seco

3 hojas albahaca fresca, picadas
1 limón, jugo y ralladura
Sal y pimienta negra al gusto

Instrucciones y tiempo total: aproximadamente 10 minutos

En un recipiente, mezclar la ensalada, judías, atún, feta, tomates, aceitunas, cebolletas, cebolla, aceite, cilantro, albahaca, jugo de limón, ralladura de limón, sal y pimienta. Servir.

Información nutricional: Calorías 354, Grasa 19g, Carbs 25g, Proteína 22g

Ensalada de Garbanzo y Pimiento

Ingredientes para 4 porciones

1 tza garbanzos, en remojo
1 pepino, en rodajas
10 tomates cherry, en mitades
1 pimiento rojo, en tiras
1 pimiento verde, en tiras

1 cdita mostza amarilla
1 cdita semillas de cilantro
½ chile hot banana, picado
1 cda jugo de limón fresco
1 cda vinagre balsámico

2 cdas aceite de oliva
2 cdas cilantro fresco, picado
2 cdas alcaparras
Sal y pimienta negra al gusto

Instrucciones y tiempo total: aproximadamente 40 minutos + tiempo de reposo

En una cacerola a fuego medio, colocar los garbanzos con suficiente agua; hervir. Reducir la temperatura y cocer durante 40 minutos hasta que los garbanzos estén suaves. Escurrirlos y dejarlos enfriar completamente. En un recipiente, mezclar los garbanzos con los ingredientes restantes. Servir.

Información nutricional: Calorías 470, Grasa 13g, Carbs 73g, Proteína 22g

Elegante Ensalada Turca

Ingredientes para 6 porciones

2 pzas pan pita, en trozos
3 cdas aceite de oliva
2 cdas mantequilla
3 tomates medianos, cortados

1 pepino, en rodajas
1 tza espinaca baby
5 pimientos verdes, cortados
5 rábanos, en rodajas

1 limón agrio, en jugo
½ cdita canela en polvo
¼ cdita pimienta gorda
Sal y pimienta negra al gusto

Instrucciones y tiempo total: aproximadamente 15 minutos

Derretir la mantequilla en una sartén a fuego medio. Dorar el pan pita durante 5 minutos. Salpimentar.

En una ensaladera, combinar el pan pita, pepino, espinaca, tomate, pimiento y rábano. En otro recipiente, mezclar el aceite, jugo de limón, sal, pimienta, canela y pimienta gorda. Verter sobre la ensalada; mezclar bien. Servir.

Información nutricional: Calorías 280, Grasa 8g, Carbs 27g, Proteína 12g

Ravioli al Pesto

Ingredientes para 6 porciones

1 tza mozzarella ahumada, en cubos
¼ cdita ralladura de limón

1 tza pesto de albahaca
½ tza mayonesa

2 pimientos rojos, cortados
18 oz ravioli de queso

Instrucciones y tiempo total: aproximadamente 15 minutos

En una cacerola a fuego alto, poner a hervir agua con sal. Agregar el ravioli y cocinar por 4-5 minutos, removiendo ocasionalmente. Escurrirlos y dejarlos enfriar. En otro recipiente, mezclar la ralladura de limón, pesto y mayonesa. Incorporar el mozzarella y pimiento. Verter sobre el ravioli; remover. Servir inmediatamente.

Información nutricional: Calorías 447, Grasa 32g, Carbs 24g, Proteína 18g

Ensalada Caprese con Atún

Ingredientes para 4 porciones

2 cdas aceite de oliva virgen-extra
2 oz atún en agua, en trozos
3 tomates grandes, en rodajas

¼ tza hojas de albahaca, en trozos
4 oz mozzarella fresca, en rebanadas
¼ tza vinagre balsámico

10 aceitunas negras
Sal marina al gusto

Instrucciones y tiempo total: aproximadamente 15 minutos

Colocar el tomate y mozzarella en un plato. Sazonar. Esparcir la albahaca sobre las rebanadas. Rociarlas con vinagre y aceite. Añadir el atún y aceitunas. Servir.

Información nutricional: Calorías 186, Grasa 13g, Carbs 6.5g, Proteína 13g

Colorida Ensalada Italiana

Ingredientes para 4 porciones

¼ tza aceite de oliva
1 tza aceitunas negras, en mitades
10 tomates cherry, en mitades

1 cebolla morada, cortada
2 cdas perejil, picado
2 cdas vinagre balsámico

2 cdita hierbas italianas secas
Sal y pimienta negra al gusto

Instrucciones y tiempo total: aproximadamente 10 minutos

En un recipiente, mezclar las aceitunas, tomates, cebolla, perejil, vinagre, aceite, hierbas, sal y pimienta. Servir inmediatamente.

Información nutricional: Calorías 200, Grasa 9g, Carbs 13g, Proteína 6g

Cocktail de Naranja con Pera y Gorgonzola

Ingredientes para 4 porciones

4 oz queso gorgonzola, en trozos
2 cdas aceite de oliva
1 cdita ralladura de naranja

¼ tza jugo de naranja
3 cdas vinagre balsámico
1 lechuga romana, en hojas

2 peras, en trozos medianos
Sal y pimienta negra al gusto

Instrucciones y tiempo total: aproximadamente 10 minutos

En una ensaladera, combinar la ralladura de naranja, jugo de naranja, vinagre, aceite, sal, pimienta, lechuga, peras y queso gorgonzola. Servir.

Información nutricional: Calorías 210, Grasa 6g, Carbs 11g, Proteína 4g

Ensalada de Garbanzo con Arúgula

Ingredientes para 4 porciones

2 cdas aceite de oliva
16 oz garbanzos, en lata
2 tzas arúgula

1 cda jugo de limón agrio
1 cdita comino
½ cdita chile seco

Sal y pimienta negra al gusto

Instrucciones y tiempo total: aproximadamente 10 minutos

Combinar los garbanzos, arúgula, jugo de limón, aceite, comino, chile seco, sal y pimienta en un recipiente. Servir frío.

Información nutricional: Calorías 250, Grasa 9g, Carbs 13g, Proteína 13g

Ensalada Caesar con Ricota

Ingredientes para 4 porciones

2 pechugas de pollo a la parrilla, en tiras
2 cdas aceite de oliva
¼ tza vinagre balsámico
½ tza cebolla morada, en rebanadas

1 cdita jugo de limón
10 tomates cherry, en mitades
1 lechuga iceberg, en hojas
½ tza queso ricota, en trozos

8 aceitunas negras, sin hueso, en mitades
Sal y pimienta negra al gusto

Instrucciones y tiempo total: aproximadamente 5 minutos + tiempo de reposo

En un recipiente, mezclar el vinagre y jugo de limón. Verter poco a poco el aceite, mezclar hasta emulsionar. Salpimentar. Incoporar el pollo, tomates, cebolla y aceitunas. Cubrir el recipiente y refrigerar durante 2 horas.

Dividir la lechuga en dos ensaladeras individuales. Agregar la mezcla de pollo y decorar con queso ricota. Servir.

Información nutricional: Calorías 588, Grasa 29g, Carbs 17g, Proteína 52g

Mix de Pimiento, Tomate y Huevo

Ingredientes para 4 porciones

4 cdas aceite de oliva
2 huevos duros, picados
2 tzas yogurt griego
1 tza tomates, cortados
2 pimientos mixtos, en tiras

1 cebolla dulce, en rebanadas delgadas
½ cdita ajo, picado
10 aceitunas Kalamata, en rodajas
3 tomates deshidratados, cortados
1 cda jugo de limón, fresco

1 cdita eneldo, picado
2 cdas perejil fresco, picado
Sal y pimienta negra al gusto

Instrucciones y tiempo total: aproximadamente 15 minutos + tiempo de reposo

En un recipiente, combinar los pimientos, cebolla, ajo, aceitunas, tomates y huevos. En otro recipiente, mezclar el jugo de limón, aceite, yogurt, eneldo, sal y pimienta. Verter sobre la ensalada; mezclar bien. Decorar con aceitunas y perejil para servir.

Información nutricional: Calorías 279, Grasa 19g, Carbs 14g, Proteína 14g

Ensalada de Tomate con Anchoas

Ingredientes para 4 porciones

2 cdas de aceite de oliva virgen-extra
1 cda jugo de limón
4 filetes de anchoa, en lata

6 aceitunas negras
½ lechuga iceberg, en hojas
1 pepino, en cubos

3 tomates, en cubos
2 cebolletas, cortadas
Sal y pimienta negra al gusto

Instrucciones y tiempo total: aproximadamente 10 minutos

En un recipiente, mezclar el aceite, jugo de limón, sal y pimienta. Incorporar el pepino, tomates y cebolletas. Agregar las anchoas y aceitunas. Servir.

Información nutricional: Calorías 113, Grasa 8.5g, Carbs 9g, Proteína 2.9g

Ensalada de Patata

Ingredientes para 6 porciones

4 patatas rústicas, sin piel, en cubos
1 tza mix de vegetales, descongelados
3 huevos duros, cortados
½ tza yogurt griego

10 aceitunas negras, sin hueso
½ cdita semillas de mostza secas
½ cdita ralladura de limón
½ cda jugo de limón

½ cdita eneldo seco
Sal y pimienta negra al gusto

Instrucciones y tiempo total: aproximadamente 20 minutos

Colocar las patatas en una cacerola con agua salada; hervir y cocinar durante 5-7 minutos, hasta estar tiernas. Escurrir y dejar enfriar completamente. En un recipiente, mezclar los huevos, vegetales, yogurt, aceitunas, semillas de mostaza, ralladura de limón, jugo de limón, eneldo, sal y pimienta. Incorporar las patatas y servir.

Información nutricional: Calorías 190, Grasa 4.8g, Carbs 29.7g, Proteína 9g

SOUPS & STEWS

Gazpacho Andaluz

Ingredientes para 4 porciones

1 pepino, sin piel, cortado
¼ tza aceite de oliva virgen-extra
¼ tza cubos de pan, remojados
3 tzas jugo de tomate
6 tomates, cortados

3 dientes de ajo, picados
1 cebolla morada, cortada
2 pimientos rojos, cortados
1 cebolleta, en rebanadas
½ chile rojo, en tiras

¼ tza vinagre de vino tinto
¼ tza hojas de albahaca, en trozos
Sal y pimienta negra al gusto

Instrucciones y tiempo total: aproximadamente 15 minutos + tiempo de reposo

En un procesador de alimentos, triturar el pepino, pan, tomates, ajo, cebolla, pimiento, jugo de tomate, aceite, vinagre, albahaca, sal y pimienta hasta obtener una mezcla cremosa. Refrigerar durante 1-2 horas. Decorar con chile rojo y cebolletas.

Información nutricional: Calorías 226, Grasa 13.4g, Carbs 27g, Proteína 5g

Deliciosa Sopa Verde

Ingredientes para 4 porciones

1¼ lb ejotes, en trozos pequeños
2 cdas aceite de oliva
1 cebolla, cortada
1 apio, con hojas, cortado
1 zanahoria, cortada

2 dientes de ajo, picados
1 calabacín, cortado
5 tzas caldo de verduras
2 tomates, cortados
½ cdita pimienta de cayena

1 cdita orégano
½ cdita eneldo seco
½ tza aceitunas negras, en rodajas
Sal y pimienta negra al gusto

Instrucciones y tiempo total: aproximadamente 30 minutos

Calentar el aceite en una cacerola a fuego medio. Saltear la cebolla, apio y zanahoria por 4 minutos hasta que las verduras estén suaves. Agregar el ajo y calabacín, cocinar por 1 minuto más. Verter el caldo de vegetales, ejotes, tomates, sal, orégano, cayena, eneldo y pimienta; hervir. Reducir la temperatura y cocinar durante 15 minutos. Decorar con rodajas de aceituna y servir.

Información nutricional: Calorías 315, Grasa 24g, Carbs 14g, Proteína 16g

Sopa de Espinaca y Garbanzos con Salchichas

Ingredientes para 4 porciones

2 cdas aceite de oliva
8 oz salchicha Italiana, en rodajas
1 (14-oz) lata garbanzos
4 tzas espinacas, cortadas

1 cebolla, cortada
1 zanahoria, cortada
1 pimiento rojo, cortado
3 dientes de ajo, picados

6 tzas caldo de pollo
1 cdita orégano seco
½ cdita chile seco
Sal y pimienta negra al gusto

Instrucciones y tiempo total: aproximadamente 35 minutos

Calentar el aceite de oliva en una cacerola a fuego medio. Sellar las salchichas durante 5 minutos hasta dorar.; reservar.

Añadir la zanahoria, cebolla, ajo y pimiento a la cacerola y sofreir por 5 minutos hasta que los vegetales estén suaves. Verter el caldo de pollo, garbanzos, espinaca, orégano, chile seco, sal y pimienta; hervir por 5 minutos hasta que la espinaca se suavice. Incorporar las salchichas y cocinar por 1 minutos más. Servir.

Información nutricional: Calorías 473, Grasa 21g, Carbs 47g, Proteína 26g

Sopa de Judías y Calabacín

Ingredientes para 4 porciones

1 cda aceite de oliva
1 cebolla, cortada
2 dientes de ajo, picados
5 tzas caldo de verduras

1 tza garbanzos secos
½ tza frijol pinto, en remojo
½ tza frijol blanco, en remojo
3 zanahorias, cortadas

1 apio grande, cortado
1 cdita tomillo seco
16 oz calabacín en fideos
Sal y pimienta negra al gusto

Instrucciones y tiempo total: aproximadamente 40 minutos

Calentar el aceite en el Instant Pot en Sauté. Sofreir el ajo y cebolla por 5 minutos hasta dorar. Incorporar el pimiento, caldo, sal, pimienta, apio, frijoles, garbanzos y tomillo. Cerrar la tapa y cocinar durante 15 minutos en High Pressure. Dejar salir el vapor de manera natural durante 10 minutos. Añadir los fideos de calabacín; mezclar bien. Servir inmediatamente.

Información nutricional: Calorías 481, Grasa 8g, Carbs 83g, Proteína 23g

Sopa de Alubias con Queso Feta y Acelgas

Ingredientes para 4 porciones

2 cdas aceite de oliva
4 oz queso feta, en trozos
1 tza acelgas, en trozos
2 tzas alubias, en lata
1 honojo, cortado

1 zanahoria, cortada
½ tza cebolletas, cortadas
½ cdita romero seco
½ cdita albahaca seca
1 diente de ajo, picado

4 tzas caldo de verduras
2 cdas pasta de tomate
Sal y pimienta negra al gusto

Instrucciones y tiempo total: aproximadamente 30 minutos

Calentar el aceite en una cacerola a fuego medio. Sofreir el hinojo, ajo, zanahoria y cebolletas durante 2-3 minutos. Agregar la pasta de tomate, romero y albahaca, cocinar por 2 minutos más. Verter el caldo y las alubias; hervir. Reducir la temperatura y cocinar durante 15 minutos. Incorporar las acelgas, cocinar por 2-3 minutos más hasta que marchiten. Salpimentar. Decorar con queso feta para servir.

Información nutricional: Calorías 519, Grasa 15g, Carbs 65g, Proteína 32g

Sopa de Cavolo Nero y Garbanzos

Ingredientes para 4 porciones

2 cdas aceite de oliva
1 lb cavolo nero, en trozos
1 tza garbanzos, en lata
1 apio, cortado

1 cebolla, cortada
1 zanahoria, cortada
14 oz tomates, en lata, en cubos
2 cdas romero, picado

4 tzas caldo de verduras
Sal y pimienta negra al gusto

Instrucciones y tiempo total: aproximadamente 35 minutos

Calentar el aceite en una cacerola a fuego medio. Saltear la cebolla, apio y zanahoria por 5 minutos. Incorporar el cavolo nero, sal, pimienta, tomates, romero, garbanzos y caldo; hervir durante 20 minutos. Servir inmediatamente.

Información nutricional: Calorías 200, Grasa 9g, Carbs 13g, Proteína 5g

Sopa de Pollo con Vermicelli

Ingredientes para 4 porciones

2 cdas aceite de oliva
1 zanahoria, cortada
1 puerro, cortado
½ tza vermicelli

4 tzas caldo de pollo
2 tzas kale, cortado
2 pechugas de pollo, en cubos
1 tza orzo

¼ tza jugo de limón
2 cdas perejil, picado
Sal y pimienta negra al gusto

Instrucciones y tiempo total: aproximadamente 25 minutos

Calentar el aceite en una cacerola a fuego medio. Saltear el puerro y pollo por 6 minutos. Agregar la zanahoria y caldo; hervir. Cocinar durante 10 minutos. Incorporar el vermicelli, kale, orzo y jugo de limón, cocinar durante 5 minutos más. Salpimentar. Decorar con perejil para servir.

Información nutricional: Calorías 310, Grasa 13g, Carbs 17g, Proteína 13g

Sopa Manchega

Ingredientes para 4 porciones

½ tza queso Manchego, rallado
1 tza frijol borlotti, en lata, drenados y limpios
2 cdas aceite de oliva
1 lb chorizo Español, en rebanadas

1 zanahoria, cortada
1 cebolla dulce, cortada
1 apio, cortado
2 dientes de ajo, picados
½ lb kale, cortada

4 tzas caldo de pollo
1 cdita romero seco
Sal y pimienta negra al gusto

Instrucciones y tiempo total: aproximadamente 45 minutos

Calentar el aceite en una cacerola a fuego medio. Dorar el chorizo por 5 minutos hasta que suelte grasa y esté dorado. Agregar la cebolla, cocinar por 3 minutos más. Incorporar el ajo, cocinar por 30-40 segundos. Agregar la zanahoria y apio, cocinar durante 4-5 minutos hasta que suavicen.

Verter el caldo, frijoles, romero, sal y pimienta; hervir. Reducir la temperatura, cubrir y cocinar durante 30 minutos, removiendo ocasionalmente. Cuando falten 5 minutos para terminar, añadir el kale. Servir en cuencos individuales y decorar con queso Manchego.

Información nutricional: Calorías 580, Grasa 27g, Carbs 38g, Proteína 27g

Sopa de Tomate Asado

Ingredientes para 4 porciones

28 oz tomates asados, en cubos	4 tza caldo de res	½ tza albahaca, picada finamente
1 cda aceite de oliva	½ tza tomates maduros frescos	Sal y pimienta negra al gusto
2 chalotas, cortadas	1 cda vinagre de vino tinto	
3 dientes de ajo, picados	3 chorizos, cortados	

Instrucciones y tiempo total: aproximadamente 25 minutos

Calentar el aceite en el Instant Pot en Sauté. Dorar el chorizo durante 5 minutos hasta quedar crujiente; reservar. Colocar el ajo y chalota en la olla y sofreir por 3 minutos hasta suavizar. Salpimentar.

Incorporar el vinagre, caldo, tomates asados y tomates frescos. Cerrar la tapa y cocinar durante 8 minutos en High Pressure. Dejar salir el vapor rápidamente. Transferir la sopa a una batidora y triturar hasta obtener una mezcla cremosa. Servir en porciones indivuduales y decorar con chorizo y albahaca.

Información nutricional: Calorías 771, Grasa 27g, Carbs 117g, Proteína 40g

Sopa de Pollo y Cebada

Ingredientes para 4 porciones

2 cdas aceite de oliva	2 dientes de ajo, picados	¼ cdita perejil
1 lb muslos de pollo, sin hueso	4 tzas caldo de pollo	¼ tza cebollín, picado
¼ tza cebada	¼ cdita orégano	Sal y pimienta negra al gusto
1 cebolla morada, cortada	½ limón, en jugo	

Instrucciones y tiempo total: aproximadamente 40 minutos

Calentar el aceite en una cacerola a fuego medio. Sofreir la cebolla y ajo por 2-3 minutos hasta suavizar. Agregar el pollo, cocinar por 5-6 minutos más, removiendo constantemente.

Añadir el caldo y cebada; hervir. Reducir la temperatura y cocinar durante 5 minutos. Retirar el pollo y deshebrarlo con la ayuda de dos tenedores. Incorporar el pollo, limón, orégano y perejil; hervir durante 20-22 minutos más. Salpimentar. Dividir en 4 cuencos individuales y decorar con cebollín para servir.

Información nutricional: Calorías 373, Grasa 17g, Carbs 14g, Proteína 39g

Sopa de Lentejas Estilo Andaluz

Ingredientes para 4 porciones

2 cdas aceite de oliva	1 tza lentejas secas	2 cditas comino
3 tza caldo de verduras	½ tza salsa verde	¼ cdita pimienta de cayena
1 tza salsa de tomate	2 dientes de ajo, picados	2 cdas totopos, triturados
1 cebolla, cortada	1 cda pimentón ahumado	Sal y pimienta negra al gusto

Instrucciones y tiempo total: aproximadamente 25 minutos

Calentar el aceite en el Instant Pot en Sauté. Sofreir el ajo y cebolla por 5 minutos hasta dorar. Incorporar la salsa de tomate, caldo, salsa verde, comino, cayena, lentejas, pimentón, sal y pimienta. Cerrar la tapa y cocinar durante 20 minutos en High Pressure. Dejar salir el vapor de manera natural durante 10 minutos. Decorar con totopos y servir.

Información nutricional: Calorías 324, Grasa 10g, Carbs 47g, Proteína 14g

Sopa de Huevo con Cordero

Ingredientes para 4 porciones

2 cdas aceite de oliva	4 tzas caldo de res	2 limones, en jugo
½ lb cordero, en trozos	5 cebolletas, cortadas	1 tza espinaca baby
3 huevos, batidos	2 cdas menta, picada	Sal y pimienta negra al gusto

Instrucciones y tiempo total: aproximadamente 50 minutos

Calentar el aceite en una cacerola a fuego medio. Dorar el cordero por 10 minutos, removiendo ocasionalmente. Agregar la cebolleta, cocinar por 3 minutos más. Verter el caldo, sal y pimienta; hervir durante 30 minutos.

En un recipiente, batir los huevos, jugo de limón y ½ tza caldo caliente. Verter cuidadosamente en la sopa. Agregar las espinacas, cocinar durante 5 minutos más. Decorar con menta para servir.

Información nutricional: Calorías 290, Grasa 29g, Carbs 3g, Proteína 6g

Perfecta Zuppa Frutti di Mare

Ingredientes para 4 porciones

2 cdas aceite de oliva
2 cdas mantequilla
½ lb gamba, limpia
3 salchichas Italianas, en rodajas
1 cebolla morada, cortada
1½ tzas almejas

1 zanahoria, cortada
1 apio, cortado
2 dientes de ajo, picados
1 (14.5-oz) lata tomates
1 cdita albahaca seca
1 cdita eneldo seco

4 tzas caldo de pollo
4 cdas maicena
2 cdas jugo de limón
2 cdas cilantro fresco, picado
Sal y pimienta negra al gusto

Instrucciones y tiempo total: aproximadamente 30 minutos

Derretir la mantequilla en una cacerola a fuego medio. Dorar las salchichas; reservar. Calentar el aceite en la cacerola. Agregar la maicena, cocinar por 4 minutos. Incorporar la cebolla, ajo, zanahoria y apio, sofreir por 3 minutos.

Añadir los tomates, albahaca, eneldo y caldo; hervir. Reducir la temperatura y cocinar durante 5 minutos. Incorporar las salchichas, sal, pimienta, almejas y gambas; cocinar durante 10 minutos. Descartar las almejas cerradas. Dividir en cuencos individuales. Agregar limón y cilantro para servir.

Información nutricional: Calorías 619, Grasa 43g, Carbs 27g, Proteína 32g

Sopa de Tomate y Albahaca

Ingredientes para 4 porciones

½ tza queso Pecorino, rallado
2 cdas aceite de oliva
2 lb tomates, en mitades

2 dientes de ajo, picados
1 cebolla, cortada
4 tzas caldo de pollo

½ cdita chile seco
½ tza albahaca, picada
Sal y pimienta negra al gusto

Instrucciones y tiempo total: aproximadamente 45 minutos

Precalentar el horno a 380ºF. Colocar los tomates en una bandeja. Rociarlos con aceite, sal y pimienta. Hornearlos durante 20 minutos. Dejar enfriar completamente antes de pelarlos.

Calentar el aceite restante en una cacerola a fuego medio. Sofreir la cebolla por 3 minutos. Incorporar los tomates, ajo, caldo y chile seco; hervir. Cocinar durante 15 minutos. Con la ayuda de una batidora de mano, triturar la sopa hasta obtener una mezcla cremosa. Mezclar el queso Pecorino. Decorar con albahaca para servir.

Información nutricional: Calorías 240, Grasa 11g, Carbs 16g, Proteína 8g

Clásica Zuppa Toscana

Ingredientes para 4 porciones

2 cdas aceite de oliva
1 cebolla dulce, cortada
4 dientes de ajo, picados
1 apio, cortado
1 zanahoria, cortada

15 oz tomates, en lata, en cubos
1 calabacín, cortado
6 tzas caldo de verduras
2 cdas tomate en pasta
15 oz judías blancas, en lata

5 oz kale toscano
1 cda albahaca, picada
Sal y pimienta negra al gusto

Instrucciones y tiempo total: aproximadamente 25 minutos

En una cacerola a fuego medio, calentar el aceite. Agregar la cebolla y ajo, sofreir por 3 minutos. Incorporar el apio, zanahoria, tomates, calabacín, caldo, pasta de tomate, judías, kale, albahaca, sal y pimienta; hervir. Cocinar durante 10 minutos. Servir.

Información nutricional: Calorías 480, Grasa 9g, Carbs 77g, Proteína 28g

Sopa Turca de Pollo

Ingredientes para 6 porciones

1 cda aceite de oliva
1 lb pechuga de pollo, en cubos
2 apios, cortados
1 zanahoria, cortada

1 cebolla morada, cortada
6 tzas caldo de pollo
½ tza perejil, picado
½ tza alforfón

1 cdita jugo de limón agrio
1 limón agrio, en rodajas
Sal y pimienta negra al gusto

Instrucciones y tiempo total: aproximadamente 40 minutos

Calentar el aceite en una cacerola a fuego medio. Salpimentar el pollo y dorarlo durante 8 minutos. Incorporar la cebolla, zanahoria y apio, cocinar por 3 minutos más. Verter el caldo y alforfón; hervir. Reducir la temperatura y cocinar durante 20 minutos. Añadir el jugo de limón y perejil. Decorar con tostadas de gremolata y rodajas de limón.

Información nutricional: Calorías 320, Grasa 9g, Carbs 18g, Proteína 24g

Sopa de Orzo y Champiñones

Ingredientes para 4 porciones

2 cdas mantequilla
3 tzas espinaca
½ tza orzo
4 tzas caldo de pollo

1 tza queso feta, en trozos
½ cdita orégano seco
1 cebolla, cortada
2 dientes de ajo, picados

1 tza champiñones, en rebanadas
Sal y pimienta negra al gusto

Instrucciones y tiempo total: aproximadamente 20 minutos

Derretir la mantequilla en una cacerola a fuego medio. Saltear la cebolla, ajo y champiñones por 5 minutos hasta suavizar. Verter el caldo, orzo, orégano, sal y pimienta; hervir. Reducir la temperatura y cocinar durante 10 minutos, parcialmente cubierta. Incorporar las espinacas, cocinar por 3-4 minutos más. Servir en porciones individuales y decorar con queso feta.

Información nutricional: Calorías 370, Grasa 11g, Carbs 44g, Proteína 23g

Estofado Vegetariano del Mediterráneo

Ingredientes para 4 porciones

1 (15.5-oz) lata garbanzos, drenados y lavados
1 (19-oz) lata alubias, drenadas y lavadas
1½ tzas corazón de alcachofa, en cuartos
2 tzas tomates asados
3 cdas aceite de oliva
3 dientes de ajo, picados
1 tza espinaca, cortada

1 tza caldo de verduras
4 cdas queso Parmesano, rallado
1 cdita chile seco
1 cdita orégano seco
4 tomates secos, picados

1 cda perejil, picado
1 tza croutones sabor ajo
2 cdas queso feta, en trozos
1 cda orégano fresco, picado
Sal y pimienta negra al gusto

Instrucciones y tiempo total: aproximadamente 25 minutos

Calentar el aceite en una olla a fuego medio. Dorar el ajo por 2-3 minutos. Reducir la temperatura. Incorporar los garbanzos, alubias, tomates, alcachofa, espinaca, caldo, parmesano, chile seco, orégano, sal y pimienta; cocinar durante 10 minutos. Servir en porciones individuales y decorar con tomates secos, perejil, croutons, queso feta y orégano.

Información nutricional: Calorías 452, Grasa 16g, Carbs 65g, Proteína 21g

Crema de Pimiento Asado con Feta

Ingredientes para 6 porciones

8 pimientos asados, cortados
2 chiles picantes asados, picados
3 cdas aceite de oliva
2 chalotas, cortadas

4 dientes de ajo, picados
2 cditas orégano fresco, picado
6 tzas caldo de pollo
¼ tza crema espesa

1 limón, en jugo
½ tza queso feta, en trozos
Sal y pimienta negra al gusto

Instrucciones y tiempo total: aproximadamente 30 minutos

En un procesador de alimentos, triturar los pimientos y chiles hasta obtener una mezcla homogénea; reservar. Calentar el aceite en una cacerola a fuego medio. Sofreir la chalota y ajo por 5 minutos. Incorporar los pimientos triturados, orégano y caldo; hervir. Salpimentar. Reducir la temperatura y cocinar durante 15 minutos. Mezclar la crema espesa y jugo de limón. Servir en porciones individuales decorado con queso feta.

Información nutricional: Calorías 223, Grasa 6g, Carbs 31g, Proteína 11g

Estofado de Alubias y Salchicha Italiana

Ingredientes para 6 porciones

1 tza alubias, en remojo y limpias
3 cdas aceite de oliva
1 lb salchichas italianas, en mitades
1 apio, cortado

1 zanahoria, cortada
1 cebolla, cortada
1 rama de romero
1 hoja de laurel

2 tzas caldo de verduras
3 tzas espinacas frescas
Sal al gusto

Instrucciones y tiempo total: aproximadamente 45 minutos

Calentar el aceite en el Instant Pot en Sauté. Dorar las salchichas por 5 minutos en ambos lados; reservar. Agregar el apio, cebolla, laurel salvia, zanahoria y romero a la olla; cocinar por 3 minutos. Incorporar el caldo y judías. Colocar las salchichas. Cerrar la tapa, presionar Bean/Chili y cocinar durante 10 minutos en High Pressure. Dejar salir el vapor de manera natural durante 20 minutos. Descartar el laurel y romero. Mezclar las espinacas hasta que estén hechas. Servir inmediatamente.

Información nutricional: Calorías 401, Grasa 26g, Carbs 23g, Proteína 19g

Guiso de Pollo a la Italiana

Ingredientes para 4 porciones

2 tomates asados, sin piel, cortados
2 lb alas de pollo
2 patatas, sin piel, cortadas
1 zanahoria, cortada

2 dientes de ajo, picados
2 cdas aceite de oliva
1 cdita pimentón ahumado molido
4 tzas caldo de pollo

2 cdas perejil fresco, picado
1 tza espinaca, cortada
Sal y pimienta negra al gusto

Instrucciones y tiempo total: aproximadamente 20 minutos

Precalentar el Instant Pot en Sauté. Sazonar el pollo con sal, pimienta y pimentón. Colocar el pollo en la olla. Agregar los ingredientes restantes. Cerrar la tapa y cocinar durante 8 minutos en High Pressure. Dejar salir el vapor rapidamente. Servir.

Información nutricional: Calorías 626, Grasa 26g, Carbs 23g, Proteína 74g

Lomo de Cerdo a la Albahaca

Ingredientes para 4 porciones

16 oz lomo de cerdo, en trozos
1 cebolla, cortada
2 cdas aceite vegetal

4 tomates, sin piel, en cubos
½ cda vino tinto
½ cda caldo de res

2 cdas albahaca fresca, picada
Sal y pimienta negra al gusto

Instrucciones y tiempo total: aproximadamente 45 minutos

Calentar el aceite en el Instant Pot en Sauté. Saltear la cebolla por 3 minutos. Agregar la carne, sal, pimienta, vino y albahaca; cocinar durante 10 minutos. Verter el caldo. Cerrar la tapa y cocinar durante 25 minutos en High Pressure. Dejar salir el vapor rapidamente. Añadir la sal, pimienta, chile seco y mantequilla; cocinar en Sauté durante 10 minutos hasta que el líquido se evapore. Servir inmediatamente.

Información nutricional: Calorías 257, Grasa 11g, Carbs 7.2g, Proteína 31g

Estofado de Res con Verduras

Ingredientes para 6 porciones

¼ tza harina
1 cdita pimentón
1 cdita pimienta negra molida
2 lb lomo de res, en cubos
2 cdas aceite de oliva
2 cdas mantequilla
1 cebolla, en cubos

3 dientes de ajo, picados
1 tza vino tinto seco
2 tzas caldo de res
1 cda sazonador italiano
2 cdita salsa inglesa
4 tzas patata, en cubos
2 apios, cortados

3 tzas zanahoria, cortada
3 tomates, cortados
2 pimientos, cortados
2 cdas perejil fresco, picado
Sal al gusto

Instrucciones y tiempo total: aproximadamente 75 minutos

En un recipiente, mezclar la pimienta, carne, harina, pimentón y sal hasta cubrir completamente la carne. Calentar el aceite y mantequilla en el Instant Pot en Sauté. Sellar la carne por todos los labos durante 8-10 minutos; reservar.

Agregar el ajo, cebolla, apio y pimientos a la olla y cocinar por 4-5 minutos. Verter el vino y desglasar el fondo, removiendo cualquier trozo de comida en el fondo. Incorporar el caldo, salsa inglesa y sazonador italaiano. Agregar la carne, zanahorias, tomates y patatas. Cerrar la tapa, presionar Meat/Stew y cocinar durante 35 minutos en High Pressure. Dejar salir el vapor de manera natural durante 10 minutos. Decorar con perejil para servir.

Información nutricional: Calorías 548, Grasa 19g, Carbs 35g, Proteína 51g

Estofado Marroquí de Lentejas

Ingredientes para 6 porciones

3 cditas aceite de oliva
1 cebolla, cortada
1 zanahoria grande, picada

3 dientes de ajo, en rebanadas
1½ tzas lentejas
1 tza tomates triturados

12 oz espinacas

Instrucciones y tiempo total: aproximadamente 35 minutos

Calentar el aceite en una cacerola a fuego medio. Sofreir la cebolla, ajo y zanahoria por 3 minutos. Incorporar las lentejas, tomates y 6 tzas de agua. Cocinar durante 15-20 minutos hasta que las lentejas estén hechas. Agregar las espinacas; mezclar bien y cocinar durante 5 minutos hasta que estén hechas. Servir inmediatamente.

Información nutricional: Calorías 422, Grasa 17g, Carbs 45g, Proteína 22g

Estofado de Garbanzo y Pollo Marroquí

Ingredientes para 6 porciones

1 lb piernas de pollo, sin hueso, sin piel	2 chiles jalapeño, picados	2 (14-oz) latas garbanzos
2 cditas comino molido	3 dientes de ajo, aplastados	½ tza leche de coco
½ cdita pimienta de cayena	2 cditas jengibre fresco, rallado	¼ tza perejil fresco, picado
2 cdas aceite de oliva	¼ tza caldo de pollo	2 tzas arroz basmati, cocido
1 cebolla, finamente picada	1 (24-oz) lata tomates en dados	Sal al gusto

Instrucciones y tiempo total: aproximadamente 40 minutos.

Sazonar el pollo con sal, cayena y comino; reservar. Calentar el aceite en el Instant Pot en Sauté. Sofreir el jalapeño y cebolla por 5 minutos. Agregar el jengibre y ajo, cocinar por 3 minutos. Verter el caldo; remover cualquier trozo de comida del fondo de la olla. Incorporar los garbanzos, tomates y sal.

Colocar el pollo en la olla; mezclar bien. Cerrar la tapa y cocinar durante 20 minutos en High Pressure. Dejar salir el vapor rapidamente. Transferir el pollo a una tabla de cortar y cortar en trozos; reservar.

Mezclar la leche de coco en la olla; cocinar durante 5 minutos en Keep Warm. Dividir el arroz en 4 cuencos individuales. Añadir el pollo. Bañar con la salsa y decorar con cilantro para servir.

Información nutricional: Calorías 996, Grasa 24g, Carbs 143g, Proteína 55g

Guiso de Judías, Vegetales y Panceta

Ingredientes para 6 porciones

3 cdas aceite de oliva	2 tzas zanahorias, en dados	2 oz panceta, en dados
1 cebolla, finamente picada	2 tzas apio, en dados	2 (15-oz) latas judías blancas, lavadas
3 dientes de ajo, picados	1 patata mediana, en dados	Sal y pimienta negra al gusto

Instrucciones y tiempo total: aproximadamente 35 minutos

Calentar el aceite en una cacerola a fuego medio. Sofreir la panceta, cebolla y ajo por 3-4 minutos, removiendo constantemente. Incorporar las zanahorias y apio, cocinar por 3-5 minutos más. Agregar las judías, patata, 4 tazas de agua, sal y pimienta; mezclar bien. Cocinar durante 20 minutos, removiendo ocasionalmente. Servir inmediatamente.

Información nutricional: Calorías 244, Grasa 7.2g, Carbs 36.4g, Proteína 9g

Lentejas con Arroz Estilo Español

Ingredientes para 4 porciones

2 cdas aceite de oliva	1 cebolla, finamente picada	4 hojas salvia, picadas
½ tza lentejas, lavadas	2 dientes de ajo, en rodajas	Sal al gusto
½ tza arroz español	1 zanahoria, en cubos pequeños	
4 tzas caldo de verduras	1 cdita cúrcuma	

Instrucciones y tiempo total: aproximadamente 30 minutos

Calentar el aceite en una cacerola a fuego medio. Saltear la cebolla, zanahoria y ajo por 5 minutos hasta que estén ligeramente doradas. Incorporar la cúrcuma, cocinar por 1 minuto. Agregar el caldo, lentejas, arroz y sal. Cocinar durante 15-20 minutos, removiendo ocasionalmente. Decorar con salvia para servir.

Información nutricional: Calorías 230, Grasa 7.2g, Carbs 36.8g, Proteína 9g

Guiso de Berenjena con Almendras

Ingredientes para 4 porciones

3 berenjenas, en mitades	¼ cda tomate en pasta	2 cdas alcaparras
2 tomates, cortados	2 cdas perejil fresco, picado	¼ tza aceite de oliva virgen-extra
2 pimientos rojos, cortados	3 oz almendras tostadas, picadas	Sal al gusto

Instrucciones y tiempo total: aproximadamente 30 minutos

Calentar 2 cdas de aceite en el Instant Pot en Sauté. Colocar una capa de berenjenas, ajustando los bordes ligeramente para encajar. Agregar una segunda capa de tomates y pimiento rojo. Untar la pasta de tomate sobre las verduras. Esparcir almendras, alcaparras y perejil sobre las verduras. Bañar con el aceite restante y salpimentar. Verter 1 ½ tzas de agua. Cerrar la tapa y cocinar durante 13 minutos en High Pressure. Dejar salir el vapor rapidamente. Servir caliente.

Información nutricional: Calorías 248, Grasa 13.7g, Carbs 32g, Proteína 6g

Caldo de Gamba a la Portuguesa

Ingredientes para 6 porciones

1 lb gambas, peladas
2 cdas aceite de oliva
1 tza chícharos
1 cebolla, cortada
1 pimiento rojo, cortado

1 pimiento verde, cortado
2 dientes de ajo, picados
1 cdita cúrcuma molida
1 cdita tomillo seco
2 cditas pimentón ahumado

½ tza arroz integral instantáneo
4 tzas caldo de pescado
1 (28-oz) lata tomates, en dados
2 cdas eneldo fresco, picado

Instrucciones y tiempo total: aproximadamente 40 minutos

En una cacerola a fuego medio, calentar el aceite. Sofreir la cebolla, pimientos y ajo por 5 minutos, removiendo ocasionalmente. Agregar la cúrcuma, tomillo y pimentón, cocinar por 2 minutos más. Incorporar el arroz y caldo; hervir. Cocinar durante 18-20 minutos. Mezclar los chícharos, tomates y gambas; cocinar durante 4-5 minutos hasta que las gambas estén hechas. Decorar con eneldo y servir.

Información nutricional: Calorías 275, Grasa 5.2g, Carbs 42g, Proteína 18g

Sopa de Cebada con Champiñones

Ingredientes para 6 porciones

3 cdas aceite de oliva
1 cebolla, cortada
1 tza zanahorias, cortadas
½ tza apio, cortado

1 tza champiñones, cortados
6 tzas caldo de verduras
1 tza cebada
2 cdas tomate en pasta

½ cdita tomillo seco
½ tza queso Parmesano

Instrucciones y tiempo total: aproximadamente 35 minutos

En una cacerola a fuego medio, calentar el aceite. Saltear la cebolla, apio, y zanahoria por 5 minutos, removiendo constantemente. Agregar los champiñones, cocinar por 3 minutos. Incorporar el caldo, cebada, tomate en pasta y tomillo; hervir. Cocinar durante 15-18 minutos hasta que la cebada esté hecha. Decorar con queso Parmesano y servir.

Información nutricional: Calorías 195, Grasa 4.2g, Carbs 33.8g, Proteína 7g

Guiso Vegetariano

Ingredientes para 4 porciones

1 lb patatas, sin piel, en cubos
2 zanahorias, sin piel, cortadas
3 aplos, cortados
2 cebollas, cortadas

1 calabacín, en tiras
½ tza hojas de apio, picado
2 cdas mantequilla, sin sal
3 cdas aceite de oliva

2 tzas caldo de verduras
1 cda pimentón
Sal y pimienta negra al gusto

Instrucciones y tiempo total: aproximadamente 55 minutos

Calentar el aceite en el Instant Pot en Sauté. Sofreir la cebolla por 3-4 minutos. Agregar la zanahoria, apio, calabacín y ¼ tza de caldo; cocinar durante 10 minutos más, removiendo constantemente.

Incorporar las patatas, pimentón, sal, pimienta, hojas de apio y el caldo restante. Cerrar la tapa, presionar Meat/Stew y cocinar durante 30 minutos en High Pressure. Dejar salir el vapor rapidamente. Mezclar la mantequilla. Servir inmediatamente.

Información nutricional: Calorías 283, Grasa 17g, Carbs 28g, Proteína 6g

Berenjenas con Salsa Picante

Ingredientes para 6 porciones

2 lb berenjenas, en rebanadas horizontales

6 cdas aceite de oliva
5 dientes de ajo, picados
1 cdita orégano seco
½ cdita chile seco

½ tza yogurt griego
3 cdas perejil fresco, picado
1 cdita ralladura de limón
2 cdita jugo de limón

1 cdita comino molido
Sal y pimienta negra al gusto

Instrucciones y Tiempo Total: 20 minutos aprox.

En un recipiente, mezclar la mitad del aceite, yogurt, perejil, ralladura, jugo de limón, comino y sal; reservar hasta su uso. Precalentar el grill en high. Untar las berenjenas con el aceite restante y sazonar con orégano, sal y pimienta; asar durante 4-5 minutos por lado. Transferir a un plato. Añadir la salsa de yogurt por encima para servir.

Información nutricional: Calorías 112, Grasa 7g, Carbs 11.3g, Proteína 2.6g

BEANS, RICE & GRAINS

Gratin de Vegetales Florentino

Ingredientes para 4 porciones

½ tza queso Parmigiano Reggiano, rallado

4 rebanadas panceta	1 cda harina de arroz integral	1 cda albahaca fresca, picada
2 cdas aceite de oliva	2 (15-oz) latas judías blancas	½ cdita orégano seco
4 dientes de ajo, picados	1 (16-oz) lata tomates, en dados	1 cdita chile seco
1 cebolla, cortada	1 calabacín mediano, cortado	2 cdas mantequilla, en cubos
½ hinojo, cortado	1 cdita setas en polvo	Sal al gusto

Instrucciones y tiempo total: aproximadamente 50 minutos

Calentar el aceite en una sartén a fuego medio. Dorar la panceta por 5 minutos hasta quedar crujiente. Escurrir en papel de cocina, cortar y reservar. Sofreir la cebolla, ajo e hinojo en la sartén por 5 minutos hasta pochar. Agregar la harina, cocinar por 3 minutos; reservar.

Precalentar el horno a 350ºF. Colocar las judías, tomates y calabacín en una bandeja de horno. Incorporar la cebolla y la panceta. Espolvorear el orégano, setas en polvo, chile seco y sal; mezclar. Esparcir el queso y mantequilla sobre la mezcla. Hornear durante 25 minutos hasta quedar ligeramente dorado. Decorar con albahaca y servir.

Información nutricional: Calorías 483, Grasa 28g, Carbs 42g, Proteína 19g

Deliciosas Batatas Rellenas

Ingredientes para 4 porciones

4 batatas, pinchadas con un tenedor	1 cda ralladura de limón	1 cda perejil, picado
2 cdas aceite de oliva	2 cdas jugo de limón	1 aguacate, machacado
1 tza alubias, en lata	1 diente de ajo, picado	1 cda tahini en pasta
1 pimiento rojo pequeño, cortado	1 cda orégano, picado	Sal y pimienta negra al gusto

Instrucciones y tiempo total: aproximadamente 50 minutos

Precalentar el horno a 360ºF. Cubrir una bandeja para horno con papel encerado. Colocar las batatas. Hornear durante 40 minutos. Dejarlas enfriar completamente y cortarlas por la mitad. Retirar la mitad del relleno y colocarlo en un recipiente. Agregar las alubias, pimiento, ralladura de limón, 1 cda jugo de limón, 1 cda aceite, 1 cdita ajo, orégano, ½ cda perejil, sal y pimienta; mezclar bien. Dividir la mezcla entre las batatas.

En un recipiente, combinar el aguacate, 2 cdas de agua, tahini, jugo de limón restante, aceite restante, ajo restante y perejil restante. Dividir entre las batatas. Servir.

Información nutricional: Calorías 303, Grasa 3g, Carbs 40g, Proteína 8g

Frijoles Ricos con Tomate

Ingredientes para 6 porciones

3 cdas aceite de oliva	¼ tza vinagre de vino tinto	½ tza agua
1 cebolla, cortada	8 hojas salvia fresca, picadas	2 (15-oz) latas frijoles borlotti
1 (12-oz) lata tomate en pasta	2 dientes de ajo, picados	

Instrucciones y tiempo total: aproximadamente 25 minutos

Calentar el aceite en una cacerola a fuego medio. Sofreir la cebolla y ajo por 5 minutos, removiendo frecuentemente. Añadir el tomate en pasta, vinagre y 1 tza de agua; mezclar bien. Reducir la temperatura. Escurrir y enguajar una lata de frijoles. Verter los frijoles en la cacerola, incluido el líquido de la segunda lata; hervir durante 10 minutos, removiendo ocasionalmente. Decorar con salvia y servir.

Información nutricional: Calorías 434, Grasa 2g, Carbs 80g, Proteína 26g

Rollitos de Lechuga con Hummus y Alubias

Ingredientes para 4 porciones

2 cdas aceite de oliva virgen-extra	¼ cdita nuez moscada molida	8 hojas lechuga romana
½ tza cebolla morada, en dados	1 (15-oz) lata alubias	Sal y pimienta negra al gusto
2 tomates frescos, cortados	¼ tza perejil fresco, picado	
1 cdita pimentón	½ tza hummus	

Instrucciones y tiempo total: aproximadamente 20 minutos

Calentar el aceite en una sartén a fuego medio. Saltear la cebolla por 3 minutos, removiendo ocasionalmente. Agregar los tomates y pimentón, cocinar por 3 minutos más. Incorporar las alubias, cocinar por 3 minutos, removiendo ocasionalmente. Retirar del fuego. Añadir sal, pimienta, comino, nuez moscada y perejil; mezclar bien.

Untar una capa de hummus en cada una de las hojas de lechuga. Agregar 1 cda de la mezcla de alubias en el centro. Doblar un lado de la lechuga sobre el relleno, posteriormente el otro lado para formar un wrap. Servir inmediatamente.

Información nutricional: Calorías 188, Grasa 5g, Carbs 28g, Proteína 10g

Frijoles Aromáticos

Ingredientes para 4 porciones

2 cdas aceite de oliva	2 cdas perejil, picado	1 cdita orégano seco
3 tomates, en cubos	2 dientes de ajo, picados	½ cdita tomillo seco
1 cebolla dulce, cortada	1 tza frijol ancho, en remojo	Sal y pimienta negra al gusto
1 apio, cortado	1 cdita pimentón	

Instrucciones y tiempo total: aproximadamente 70 minutos

Colocar los frijoles con suficiente agua en una cacerola a fuego medio; hervir. Cocinar durante 30 minutos. Escurrir y reservar.

Calentar el aceite en una cacerola a fuego medio. Sofreír la cebolla y ajo por 3 minutos. Incorporar los tomates, apio, orégano, tomillo y pimentón; cocinar por 5 minutos. Verter 3 tzas de agua. Agregar el frijol, sal y pimienta; cocinar durante 30 minutos. Decorar con perejil para servir.

Información nutricional: Calorías 310, Grasa 16g, Carbs 30g, Proteína 16g

Hamburguesas de Judías con Guacamole

Ingredientes para 6 porciones

1 cdita aceite de oliva	2 huevos ecológicos	2 aguacates
1 (15-oz) lata judías negras	1 cdita comino molido	2 cdas jugo de limón
1 (15-oz) lata garbanzos	1 tza pan molido panko	6 hojas lechuga
½ cebolla blanca, cortada	½ tza copos de avena old-fashioned	Sal y pimienta negra al gusto
2 dientes de ajo, picados	6 panes de hamburguesa	

Instrucciones y tiempo total: aproximadamente 35 minutos

Precalentar el horno a 380ºF. Cubrir una bandeja de horno con papel encerado. En un procesador de alimentos, triturar las judías, garbanzos, huevos, comino, sal y

pimienta hasta obtener una mezcla homogénea. Transferir la mezcla a un recipiente. Agregar la cebolla y ajo; mezclar bien. Mezclar el pan molido y avena. Formar 6 pelotas con la mezcla.

Aplastar las pelotas ligeramente con las manos hasta formar hamburguesas. Engrasar ambos lados con aceite. Colocar las hamburguesas en la bandeja y hornear durante 30 minutos hasta quedar crujientes, girardolas una vez.

Mientras tanto, en un recipiente aplastar el aguacate. Añadir el jugo de limón y sal; reservar. Tostar los panes durante 2-3 minutos. Untar cada base del pan con el guacamole. Agregar una hamburguesa y lechuga. Cubrir con el pan restante y servir.

Información nutricional: Calorías 867, Grasa 22g, Carbs 133g, Proteína 39g

Puré de Habas al Romero

Ingredientes para 4 porciones

3 cdas aceite de oliva	3 cdas tahini	1 cebolla pequeña, cortada
4 dientes de ajo, picados	2 cdas jugo de limón	2 huevos duros, cortados
1 cdita comino molido	4 trozos de limón	1 cda romero, picado
2 (15-oz) latas habas	1 tomate, cortado	Sal y pimienta negra al gusto

Instrucciones y tiempo total: aproximadamente 20 minutos

Calentar 2 cdas de aceite en una cacerola a fuego medio. Sofreír el ajo y comino por 2 minutos. Añadir las habas con el líquido y tahini; hervir. Cocinar durante 8-10 minutos hasta que el líquido se evapore ligeramente.

Machacar las habas hasta obtener una consistencia ligera pero con grumos. Salpimentar. Agregar los tomates, cebolla, romero, huevos y aceite restante. Acompañar con rodajas de limón.

Información nutricional: Calorías 173, Grasa 8.8g, Carbs 9.8g, Proteína 9g

Clásico Falafel

Ingredientes para 6 porciones

2 tzas aceite de oliva
1 tza garbanzos, en remojo
5 cebollinos, picados
¼ tza hojas de perejil fresco

¼ tza hojas de cilantro fresco
¼ tza eneldo fresco
6 dientes de ajo, picados
½ cdita comino molido

½ cdita cilantro molido
Sal y pimienta negra al gusto

Instrucciones y tiempo total: aproximadamente 20 minutos

Escurrir los garbanzos con papel de cocina. Colocarlos en un procesador de alimentos junto con el cebollino, perejil, cilantro, eneldo, ajo, comino, cilantro, sal y pimienta; triturar hasta obtener una mezcla homogénea. Formar falafel de 1 ½-inches de ancho y 1-inch de largo. Colocarlos en una bandeja con papel encerado.

Calentar el aceite en una sartén a fuego medio. Freir los falafel durante 2-3 minutos en cada lado hasta estar crujientes y doradps. Escurrir en papel de cocinar para remover el exceso de grasa. Servir caliente.

Información nutricional: Calorías 349, Grasa 26.3g, Carbs 9g, Proteína 19g

Alubias al Tomate

Ingredientes para 4 porciones

2 cdas aceite de oliva
15 oz alubias, en lata
10 tomates cherry, en mitades

2 cebolletas, cortadas
1 cdita pimentón
½ cdita comino molido

1 cda jugo de limón agrio
Sal y pimienta negra al gusto

Instrucciones y tiempo total: aproximadamente 10 minutos

En un recipiente, combinar las alubias, tomates, cebolletas, aceite, pimentón, sal, comino, pimienta y jugo de limón. Refrigerar durante 10 minutos. Servir inmediatamente.

Información nutricional: Calorías 300, Grasa 8g, Carbs 26g, Proteína 13g

Guiso Vegetariano Estilo Marroquí

Ingredientes para 6 porciones

3 cdas aceite de oliva
1 cebolla, cortada
8 oz acelga, en trozos
4 dientes de ajo, picados
1 cdita comino molido
½ cdita pimentón

½ cdita cilantro molido
¼ cdita canela molida
2 cdas tomate en pasta
2 cdas maicena
4 tzas caldo de verduras
2 zanahorias, cortadas

1 (15-oz) lata garbanzos
1 (15-oz) lata frijol ancho
3 cdas perejil fresco, picado
3 cdas salsa de harissa
Sal y pimienta negra al gusto

Instrucciones y tiempo total: aproximadamente 50 minutos

Calentar el aceite en una cacerola a fuego medio. Saltear la cebolla por 3 minutos. Agregar el ajo, comino, pimentón, cilantro y canela; cocinar por 30 segundos. Incorporar el tomate en pasta y maicena, cocinar por 1 minutos más.

Añadir el caldo y zanahorias; remover cualquier trozo en el fondo de la cacerola. Hervir. Reducir la temperatura y cocinar durante 10 minutos. Agregar la acelga, garbanzos, frijol, sal y pimienta; cocinar durante 10-15 minutos. Mezclar el perejil y un poco de harissa. Acompañar con un poco de harissa para servir.

Información nutricional: Calorías 387, Grasa 3.2g, Carbs 28.7g, Proteína 7g

Guiso de Alubias y Espinacas

Ingredientes para 4 porciones

2 cdas aceite de oliva
1 cebolla, cortada
1 (15-oz) lata tomates, en cubos
2 (15-oz) latas alubias

1 tza zanahorias, cortadas
1 apio, cortado
4 tzas caldo de verduras
½ cdita tomillo seco

1 lb espinacas baby
Sal y pimienta negra al gusto

Instrucciones y tiempo total: aproximadamente 40 minutos

Calentar el aceite en una cacerola a fuego medio. Sofreir la cebolla, apio y zanahoria por 5 minutos. Agregar los tomates, alubias, caldo, tomillo, sal y pimienta; cocinar durante 20 minutos. Incorporar las espinacas; cocinar durante 5 minutos. Servir inmediatamente.

Información nutricional: Calorías 256, Grasa 12g, Carbs 47g, Proteína 15g

Lentejas con Pollo

Ingredientes para 4 porciones

2 c das aceite de oliva
1 lb muslos de pollo, sin piel, sin hueso
y en cubos
1 cda semillas de cilantro
1 hoja de laurel

1 cda tomate en pasta
2 zanahorias, cortadas
1 cebolla, cortada
2 dientes de ajo, picados
½ cdita chile seco

½ cdita pimentón
4 tzas caldo de pollo
1 tza lentejas
Sal y pimienta negra al gusto

Instrucciones y tiempo total: aproximadamente 1 hora 20 minutos

Calentar el aceite en una cacerola a fuego medio. Saltear el pollo, cebolla y ajo por 6-8 minutos. Agregar las zanahorias, tomate en pasta, semillas de cilantro, laurel, chile seco y pimentón; cocinar por 3 minutos. Verter el caldo; hervir. Cocinar durante 25 minutos. Incorporar las lentejas, sal y pimienta; cocinar durante 15 minutos más. Descartar el laurel. Servir inmediatamente.

Información nutricional: Calorías 320, Grasa 14g, Carbs 18g, Proteína 14g

Lentejas con Espinacas

Ingredientes para 6 porciones

2 cdas aceite de oliva
4 dientes de ajo, en rodajas delgadas
1 cebolla, cortada

1 cdita cilantro molido
1 cdita tomillo seco
1 cdita comino molido

1 tza lentejas, lavadas
8 oz espinaca, cortada
Sal y pimienta negra al gusto

Instrucciones y tiempo total: aproximadamente 30 minutos

Calentar el aceite en una cacerola a fuego medio. Saltear el ajo por 2-3 minutos hasta estar cruijiente y dorado, removiendo ocasionalmente.. Transferir a un plato con papel de cocina. Salpimentar. Reservar.

Saltear la cebolla en la cacerola por 3 minutos. Agregar la sal, tomillo, cilantro y comino, cocinar por 1 minuto. Verter 2 ½ tzas de agua y las lentejas; hervir. Reducir la temperatura, cubrir y cocinar durante 15 minutos hasta que las lentejas estén hechas, removiendo ocasionalmente. Incorporar la espinaca; cocinar durante 5 minutos. Salpimentar. Decorar con el ajo tostado para servir.

Información nutricional: Calorías 189, Grasa 5.5g, Carbs 27.1g, Proteína 9g

Pilaf de Arroz con Pistachos

Ingredientes para 4 porciones

2 cdas aceite de oliva
1 tza arroz basmati
1 zanahoria, rallada
½ tza cebollinos, cortados

12 tomates cherry, en mitades
1 oz pistachos, picados
2 tza caldo de verduras
1 diente de ajo, picado

1 cdita cilantro molido
2 cdas perejil fresco, picado

Instrucciones y tiempo total: aproximadamente 30 minutos

Calentar el aceite en una cacerola a fuego medio. Sofreir la zanahoria, ajo y cebollinos, cocinar por 3-4 minutos, removiendo ocasionalmente. Agregar el arroz, cocinar por 1-2 minutos. Verter el caldo; hervir. Añadir el cilantro. Reducir la temperatura, cubrir y cocinar durante 10-12 minutos hasta que el líquido se evapore. Transferir el arroz a un platón. Decorar con tomates cherry, pistachos y perejil. Servir inmediatamente.

Información nutricional: Calorías 305, Grasa 11.4g, Carbs 44g, Proteína 8g

Pilaf de Arroz Integral con Alcaparras

Ingredientes para 4 porciones

2 cdas aceite de oliva
1 tza arroz integral
1 cebolla, cortada

1 apio, cortada
2 dientes de ajo, picados
½ tza alcaparras, lavadas

2 cdas perejil, picado
Sal y pimienta negra al gusto

Instrucciones y tiempo total: aproximadamente 30 minutos

Calentar el aceite en una sartén a fuego medio. Saltear el apio, ajo y cebolla por 10 minutos. Agregar el arroz, alcaparras, 2 tzas de agua, sal y pimienta; cocinar durante 25 minutos. Decorar con perejil para servir.

Información nutricional: Calorías 230, Grasa 8.9g, Carbs 16g, Proteína 7g

Arroz Integral Mediterráneo

Ingredientes para 4 porciones

1 lb espárragos, cortados	1 tza arroz integral	½ tza perejil, picado
2 cdas aceite de oliva	2 cditas mostza	1 cda estragón, picado
3 cdas vinagre balsámico	5 oz espinaca baby	Sal y pimienta negra al gusto

Instrucciones y tiempo total: aproximadamente 20 minutos

Calentar agua con sal en una cacerola a fuego medio. Agregar el arroz, cocinar durante 7-9 minutos hasta que esté al dente. Escurrir y transferirlo a un recipiente.

Colocar los espárragos en la cacerola con agua. Blanquearlos por 4-5 minutos. Transferirlos al recipiente. Incorporar las espinacas, aceite, vinagre, mostaza, sal, perejil, estragón y pimienta en el recipiente. Servir inmediatamente.

Información nutricional: Calorías 330, Grasa 12g, Carbs 17g, Proteína 11g

Arroz con Verduras

Ingredientes para 4 porciones

2 cdas aceite de oliva	1 jalapeño, picado	1 tza caldo de verduras
1 tza arroz	1 zanahoria, cortada	½ cdita salvia seca
1 lb ejotes, cortados	2 cebolletas, cortadas	1 cdita pimentón
2 calabacines, en tiras	2 dientes de ajo, picados	Sal y pimienta negra al gusto
1 pimiento, en tiras	2 tomates, en puré	

Instrucciones y tiempo total: aproximadamente 45 minutos

Colocar el arroz y 2 tzas de agua en una cacerola a fuego medio. Cocinar durante 20 minutos. Remover y reservar. Calentar el aceite en una cacerola a fuego medio, Saltear el calabacín, ejotes, pimiento, jalapeño, zanahoria, cebolletas, tomates y ajo por 10 minutos hasta que estén suaves. Añadir el caldo, salvia, pimentón, sal y pimienta; cubrir y cocinar durante 7 minutos. Dividir el arroz en porciones individuales. Agregar la mezcla de vegetales y servir.

Información nutricional: Calorías 153, Grasa 7.9g, Carbs 19g, Proteína 5.7g

Tradicional Risotto de Champiñones

Ingredientes para 6 porciones

½ tza queso Pecorino-Romano, rallado	4½ tzas caldo de pollo	Sal y pimienta negra al gusto
2 cdas aceite de oliva	1 cebolla, cortada	
2 oz champiñones porcini secos	2 tzas arroz integral	

Instrucciones y tiempo total: aproximadamente 75 minutos

Colocar los champiñones en un recipiente con agua caliente. Dejar reposar durante 25 minutos. Escurrirlos, reservando el líquido, y limpiarlos. Filtrar el líquido para descartar los sólidos y añadirlo al caldo. Calentar el caldo en una cacerola a fuego medio. Reducir la temperatura al mínimo.

Calentar el aceite en una cacerola a fuego medio. Saltear la cebolla por 5 minutos. Agregar el arroz, champiñones y ¾ tza del caldo caliente; cocinar durante 20-30 minutos, añadiendo más caldo poco a poco hasta que el arroz se haga, removiendo constantemente. Retirar del fuego. Mezclar el queso y servir.

Información nutricional: Calorías 305, Grasa 8g, Carbs 56g, Proteína 8g

Salteado de Garbanzos y Espárragos

Ingredientes para 4 porciones

2 cdas aceite de oliva	1 tza garbanzos, en lata	2 tomates, cortados
2 dientes de ajo, picados	1 lb espárragos, cortados	2 cdas perejil, picado
2 patatas, en cubos	1 cdita pimentón dulce	½ tza queso ricota, en trozos
1 cebolla dulce, cortada	1 cdita cilantro molido	Sal y pimienta negra al gusto

Instrucciones y tiempo total: aproximadamente 25 minutos

Calentar el aceite en una sartén a fuego medio. Saltear las patatas, cebolla, ajo, sal y pimienta por 7 minutos, removiendo ocasionalmente. Incorporar los garbanzos, espárragos, pimentón y cilantro; cocinar durante 6-7 minutos. Transferir a un recipiente. Agregar los tomates, perejil y queso ricota. Servir inmediatamente.

Información nutricional: Calorías 540, Grasa 22g, Carbs 36g, Proteína 30g

Berenjenas y Garbanzos al Horno

Ingredientes para 6 porciones

¼ tza aceite de oliva
2 cebollas, cortadas
1 pimiento verde, cortado
3 dientes de ajo, picados

1 cdita orégano seco
½ cdita comino molido
1 lb berenjenas, en cubos
1 (28-oz) lata tomates, en cubos

2 (15-oz) latas garbanzos
Sal y pimienta negra al gusto

Instrucciones y tiempo total: aproximadamente 75 minutos

Precalentar el horno a 400ºF. Calentar el aceite en una sartén a fuego medio. Sofreir la cebolla, pimiento, sal y pimienta por 5 minutos. Agregar el ajo, orégano y comino; cocinar por 30 segundos. Transferir la mezcla a una bandeja para horno.

Mezclar las berenjenas, tomates y garbanzos. Colocar la bandeja en el horno y hornear durante 45-60 minutos, removiendo un par de veces. Servir caliente.

Información nutricional: Calorías 260, Grasa 12g, Carbs 33.4g, Proteína 8g

Arroz Salvaje con Champiñones y Mozzarella

Ingredientes para 4 porciones

2 tzas caldo de pollo
1 tza arroz salvaje
1 cebolla, cortada

½ lb champiñones salvajes, en rebanadas
2 dientes de ajo, picados
1 limón, en jugo y ralladura

1 cda cebollín, picado
½ tza queso mozzarella, rallado
Sal y pimienta negra al gusto

Instrucciones y tiempo total: aproximadamente 30 minutos

Calentar el caldo en una cacerola a fuego medio. Agregar el arroz, cebolla, champiñones, ajo, jugo de limón, ralladura de limón, sal y pimienta; hervir. Cocinar durante 20 minutos. Transferir la mezcla a una bandeja de horno. Esparcir el mozzarella sobre la mezcla y gartinar durante 4 minutos hasta que el queso se derrita. Decorar con cebollín para servir.

Información nutricional: Calorías 230, Grasa 6g, Carbs 13g, Proteína 6g

Risotto de Pollo

Ingredientes para 4 porciones

4 muslos de pollo, con hueso y piel
2 cdas aceite de oliva
1 tza arroz Arborio
2 limones, en jugo

1 cdita orégano seco
1 cebolla morada, cortada
2 dientes de ajo, picados
2½ tzas caldo de pollo

1 tza aceitunas verdes, en rodajas
2 cdas perejil, picado
½ tza queso Parmesano, rallado
Sal y pimienta negra al gusto

Instrucciones y tiempo total: aproximadamente 45 minutos

Calentar el aceite en una cacerola a fuego medio. Dorar los muslos de pollo, piel abajo, durante 3-4 minutos. Girarlos y cocinar durante 3 minutos. Reservar. Sofreir el ajo y cebolla en la cacerola por 3 minutos. Agregar el arroz, sal, pimienta, orégano, jugo de limón y 1 tza de caldo. Reducir la temperatura, remover el arroz hasta que el líquido se evapore. Añadir otra taza de caldo; cocinar hasta que el líquido se evapore. Agregar el caldo restante. Colocar el pollo y cocinar hasta que el arroz esté hecho. Retirar del fuego. Mezclar el queso parmesano. Decorar con aceitunas y perejil para servir.

Información nutricional: Calorías 450, Grasa 19g, Carbs 28g, Proteína 26g

Pilaf de Farro con Cavolo Nero

Ingredientes para 4 porciones

2 cdas aceite de oliva
1 tza chícharos
4 tzas cavolo nero, en trozos
½ tza hummus
½ tza cebollinos, en rodajas

1 diente de ajo, picado
1 tza farro
2 tzas agua
1 tza tomates, cortados
1 cdita comino

½ cdita orégano
2 cdas cilantro fresco, picado
Sal y pimienta negra al gusto

Instrucciones y tiempo total: aproximadamente 50 minutos

Calentar el aceite en una cacerola a fuego medio. Saltear el cebollino hasta que suavice. Agregar el ajo, comino y orégano, cocinar por 30 segundos. Incorporar el farro, agua, tomates y tomate en pasta; hervir. Reducir la temperatura y cocinar durante 30-40 minutos. Mezclar los chícharos, cavolo nero, sal y pimienta. Dejar reposar cubierto durante 8 minutos. Decorar con hummus y cilantro para servir.

Información nutricional: Calorías 362, Grasa 11g, Carbs 57g, Proteína 10g

Cebada con Atún y Alcaparras

Ingredientes para 4 porciones

2 cdas aceite de oliva	1 tza cebada	¼ tza alcaparras, drenadas
3 tzas caldo de pollo	12 tomates cherry, en mitades	½ limón, en jugo
10 oz atún, en lata, en trozos	½ tza pepperoncini, en rebanadas	Sal y pimienta negra al gusto

Instrucciones y tiempo total: aproximadamente 50 minutos

Calentar el caldo en una cacerola a fuego medio. Agregar la cebada, cubrir y cocinar durante 40 minutos. Transferir la cebada a un recipiente. Incorporar el atún, sal, pimienta, tomates, pepperoncini, aceite, alcaparras y jugo de limón. Servir inmediatamente.

Información nutricional: Calorías 260, Grasa 12g, Carbs 17g, Proteína 24g

Cebada Aromática con Piñones

Ingredientes para 4 porciones

2 cdas aceite de oliva	3 tzas agua	¼ tza piñones
½ tza cebolla, en cubos	1 tza cebada	Sal y pimienta negra al gusto
½ tza apio, en cubos	½ cdita tomillo	
1 zanahoria, sin piel, en cubos	½ cdita romero	

Instrucciones y tiempo total: aproximadamente 45 minutos

Calentar el aceite en una cacerola a fuego medio. Sofreir la cebolla, apio y zanahoria por 5 minutos. Agregar el agua, cebada, tomillo, romero, sal y pimienta; hervir. Reducir la temperatura y cocinar durante 23 minutos. Incorporar los piñones. Servir inmediatamente.

Información nutricional: Calorías 276, Grasa 9g, Carbs 41g, Proteína 7g

Pilaf de Cebada al Perejil

Ingredientes para 6 porciones

3 cdas aceite de oliva	½ cdita tomillo seco	1 ½ cditas jugo de limón
1 cebolla pequeña, finamente picada	2½ tzas agua	Sal y pimienta negra al gusto
1½ tzas cebada, lavada	½ tza perejil, picado	
2 dientes de ajo, picados	2 cdas cilantro, picado	

Instrucciones y tiempo total: aproximadamente 25 minutos

Calentar el aceite en una cacerola a fuego medio. Sofreir la cebolla por 5 minutos. Agregar la cebada, ajo y tomillo, cocinar durante 3-4 minutos hasta que la cebada esté dorada. Verter agua; hervir. Reducir la temperatura, cubrir y cocinar durante 25-35 minutos hasta que la cebada esté hecha y el líquido se haya absorbido. Colocar un trapo de cocinar debajo de la tapa y dejar reposar durante 10 minutos. Mezclar el perejil, cilantro, sal, pimienta y jugo de limón. Servir caliente.

Información nutricional: Calorías 275, Grasa 21g, Carbs 32g, Proteína 12g

Ensalada de Cebada con Alcachofas

Ingredientes para 4 porciones

½ tza corazón de alcachofa, cortadas	1 rama cilantro fresco	1 tza caldo de pollo
2 cdas aceite de oliva	1 rama tomillo fresco	1 limón, ralladura
1 tza cebada	1 cebolla, cortada	Sal y Pimienta negra a gusto
2 cdas queso Parmesano, rallado	1 cda sazonador italiano	
1 hoja de laurel	3 dientes de ajo, picados	

Instrucciones y tiempo total: aproximadamente 50 minutos

Colocar la cebada, cilantro, laurel y tomillo en una cacerola a fuego medio. Cubrir con suficiente agua; hervir. Reducir la temperatura y cocinar durante 25 minutos. Escurrir, descartar el laurel, cilantro y tomillo y reservar.

Calentar el aceite en una cacerola a fuego medio. Saltear la cebolla, alcachofa y sazonador italiano por 5 minutos. Agregar el ajo, cocinar por 40 segundos. Verter un poco de caldo, cocinar hasta que el líquido se absorba. Añadir más caldo y continuar cocinado hasta que el líquido se absorba, removiendo frecuentemente. Mezclar la ralladura de limón, sal, pimienta y queso hasta que el queso se derrita. Verter la mezcla sobre la cebada. Servir inmediatamente.

Información nutricional: Calorías 325, Grasa 12g, Carbs 45g, Proteína 12g

Milet a la Catalana

Ingredientes para 6 porciones

1 hinojo, finamente picado
3 cdas aceite de oliva
1½ tzas milet
1 cebolla, finamente picada

3 dientes de ajo, picados
¼ cdita tomillo seco
1 oz queso Parmesano, rallado
¼ tza perejil fresco, picado

2 cditas vinagre de jerez
Sal y pimienta negra al gusto

Instrucciones y tiempo total: aproximadamente 40 minutos

Hervir suficiente agua con sal en una cacerola a fuego medio. Agregar el milet y cocinar durante 15-20 minutos hasta que esté suave. Escurrir, regresar el milet a la cacerola y cubrir.

Calentar 2 cdas de aceite en una cacerola a fuego medio. Saltear la cebolla, hinojo y sal por 8-10 minutos, removiendo ocasionalmente. Agregar el ajo y tomillo, cocinar por 30 segundos. Incorporar el aceite restante y el milet, cocinar por 2 minutos, removiendo ocasionalmente. Retirar del fuego. Mezclar el queso Parmesano, perejil, vinagre, sal y pimienta. Servir.

Información nutricional: Calorías 312, Grasa 16g, Carbs 29g, Proteína 11g

Milet a la Portuguesa

Ingredientes para 6 porciones

10 oz champiñones cremini, cortados
3 cdas aceite de oliva
1½ tzas milet

1 chalota, picada
½ cdita tomillo seco
3 cdas jerez seco

3 cdas prejil, picado
1½ cditas vino Porto
Sal y pimienta negra al gusto

Instrucciones y tiempo total: aproximadamente 35 minutos

Hervir suficiente agua con sal en una cacerola a fuego medio. Agregar el milet; hervir durante 15-20 minutos hasta que esté hecho. Escurri y cubrir para conservar caliente.

Calentar 2 cdas de aceite en una cacerola a fuego medio. Sofreir los champiñones, chalota, tomillo y sal, durante 10 minutos hasta dorar, removiendo ocasionalmente. Añadir el jerez, desglasar el fondo, removiendo cualquier trozo, hasta que se evapore el líquido. Calentar el aceite restante. Agregar el farro, cocinar por 2 minutos. Incorporar el perejil, vino, sal y pimienta. Servir inmediatamente.

Información nutricional: Calorías 323, Grasa 18g, Carbs 27g, Proteína 10g

Risotto Estilo Milanés

Ingredientes para 4 porciones

2 cdas aceite de oliva
2 cdas mantequilla, blanda
1 tza arroz Arborio, cocido

½ tza vino blanco
1 cebolla, cortada
2 tzas caldo de pollo caliente

1 pizca azafrán, en remojo
½ tza queso Parmesano, rallado
Sal y pimienta negra al gusto

Instrucciones y tiempo total: aproximadamente 30 minutos

Calentar el aceite en una cacerola a fuego medio. Saltear la cebolla por 3 minutos. Agregar el arroz, sal y pimienta, cocinar por 1 minuto. Añadir el vino blanco y azafrán, desglasar el fondo de la cacerola. Poco a poco verter el caldo, removiendo constantemente. Cocinar durante 15-18 minutos. Retirar del fuego. Mezclar la mantequilla y queso Parmesano. Servir.

Información nutricional: Calorías 250, Grasa 10g, Carbs 18g, Proteína 5g

Arroz al Horno con Pimientos Asados

Ingredientes para 6 porciones

2 cdas queso Pecorino-Romano, rallado
¾ tza pimientos rojos asados, cortados
4 cditas aceite de oliva

2 cebollas, finamente picadas
1½ tzas caldo de verduras
1½ tzas arroz integral, lavado

1 limón, en cuartos
Sal y pimienta negra al gusto

Instrucciones y tiempo total: aproximadamente 1 hora 50 minutos

Precalentar el horno a 375ºF. Calentar el aceite en una cacerola a fuego medio. Sofreir la cebolla por 10-12 minutos. Añadir sal, 2 tzas de agua y caldo; hervir. Agregar el arroz, cubrir y colocar en el horno. Hornear durante 50-65 minutos hasta que el arroz esté hecho y el líquido se haya absorbido. Retirar del horno. Agregar los pimientos asados y dejar reposar durante 5 minutos. Salpimentar. Mezclar el queso Pecorino. Acompalar con limón para servir.

Información nutricional: Calorías 308, Grasa 10g, Carbs 52g, Proteína 11g

Alforfón Italiano

Ingredientes para 6 porciones

3 cdas aceite de oliva
1½ tzas alforfón, en remojo
3 tzas caldo de verduras
½ cebolla, finamente picada

1 diente de ajo, picado
2 cditas estragón fresco, picado
2 oz queso Parmesano, rallado
2 cdas perejil, picado

2 cdita jugo de limón
Sal y pimienta negra al gusto

Instrucciones y tiempo total: aproximadamente 55 minutos

En un procesador de alimentos, triturar el alforfón hasta quedar en granos pequeños. Hervir el caldo y 3 tzas de agua en una cacerola a fuego alto. Reducir la temperatura y cubrir para mantenerlo caliente.

Calentar 2 cdas de aceite en una cacerola a fuego medio. Sofreir la cebolla por 5 minutos. Agregar el ajo, cocinar por 30 segundos. Incorporar el farro, cocinar por 3 minutos hasta que los granos se tuesten, removiendo constantemente.

Añadir 5 tazas del caldo caliente. Reducir la temperatura, cubrir y cocinar durante 25 minutos hasta que el farro esté al dente y la mayoría del líquido se haya absorbido, removiendo un par de veces.

Mezclar el estragón, sal y pimienta, cocinar durante 5 minutos, removiendo constantemente. Retirar del fuego. Mezclar el queso Parmesano, perejil, jugo de limón, aceite restante, sal y pimienta. Servir inmediatamente.

Información nutricional: Calorías 321, Grasa 21g, Carbs 35g, Proteína 15g

Bulgur Tabbouleh

Ingredientes para 4 porciones

1 pepino, pelado y cortado
¼ tza aceite de oliva virgen-extra
8 tomates cherry, en cuartos

1 tza bulgur, lavado
4 cebollinos, picados
½ tza perejil fresco, picado

1 limón, en jugo
Sal y pimienta negra al gusto

Instrucciones y tiempo total: aproximadamente 30 minutos

Colocar el bulgur en una cacerola a fuego medio con agua y sal. Cubrir y cocinar durante 13-15 minutos. Escurrir y dejar enfriar completamente.

En un recipiente, combinar el bulgur, cebollino, tomates, pepino y perejil. En otro recipiente, mezclar el jugo de limón, aceite, sal y pimienta. Verter sobre el bulgur; mezclar bien. Servir inmediatamente.

Información nutricional: Calorías 291, Grasa 13.7g, Carbs 40g, Proteína 7g

Pilaf de Bulgur con Champiñones y Almendras

Ingredientes para 2 porciones

3 cebollinos, picados
2 oz champiñones, en rebanadas
1 cda aceite de oliva
1 diente de ajo, picado

¼ tza almendras, en rebanadas
½ tza bulgur
1½ tzas caldo de pollo
½ cdita tomillo seco

1 cda perejil, picado
Sal al gusto

Instrucciones y tiempo total: aproximadamente 45 minutos

Calentar el aceite en una cacerola a fuego medio. Sofreir el ajo, cebollino, champiñones y almendras por 3 minutos. Agregar el bulgur, cocinar por 1 minuto, removiendo constantemente. Añadir el caldo, sal y tomillo; hervir. Cubrir y cocinar durante 25 minutos hasta que el bulgur esté hecho y el líquido se haya evaporado. Decorar con perejil para servir.

Información nutricional: Calorías 342, Grasa 15g, Carbs 48g, Proteína 11g

Salteado de Garbanzos y Zanahoria

Ingredientes para 4 porciones

3 cdas aceite de oliva
3 cdas alcaparras, escurridas
1 limón, en jugo y ralladura

1 cebolla morada, cortada
14 oz garbanzos, en lata
4 znahorias, sin piel, en cubos

1 cda perejil, picado
Sal y pimienta negra al gusto

Instrucciones y tiempo total: aproximadamente 35 minutos

Calentar el aceite en una sartén a fuego medio. Saltear la cebolla, ralladura de limón, jugo de limón y alcaparras por 5 minutos. Incorporar los garbanzos, zanahoria, perejil, sal y pimienta; cocinar durante 20 minutos. Servir caliente.

Información nutricional: Calorías 210, Grasa 5g, Carbs 7g, Proteína 4g

Bowl de Arroz Integral Vegetariano

Ingredientes para 4 porciones

½ lb grelo, en mitades
2 cdas aceite de oliva
1 cebolla, en rebanadas
1 pimiento rojo, en tiras
½ tza chícharos

1 zanahoria, cortada
1 apio, cortado
1 diente de ajo, picado
½ tza arroz integral
2 tzas caldo de verduras

½ cdita tomillo seco
¾ cdita pimentón
2 cebolletas, cortadas
Sal y pimienta negra al gusto

Instrucciones y tiempo total: aproximadamente 25 minutos

Calentar el aceite en una cacerola a fuego medio. Saltear la cebolla, ajo, zanahoria, apio y pimiento por 10 minutos. Agregar el arroz, caldo, tomillo, pimentón, cebolleta, sal y pimienta; hervir. Cocinar durante 15 minutos. Incorporar el grelo y chícharos, cocinar durante 5 minutos más. Servir caliente.

Información nutricional: Calorías 320, Grasa 5g, Carbs 23g, Proteína 5g

Risotto de Cordero a la Menta

Ingredientes para 4 porciones

2 cdas aceite de oliva
2 dientes de ajo, picados
1 cebolla, cortada

1 lb cordero, en cubos
2 tzas caldo de verduras
1 tza arroz Arborio

2 cdas menta, picada
1 tza queso Parmesano, rallado
Sal y pimienta negra al gusto

Instrucciones y tiempo total: aproximadamente 90 minutos

Calentar el aceite de oliva en una cacerola a fuego medio. Saltear la cebolla por 5 minutos. Agregar el cordero, cocinar por 5 minutos más. Incorporar el ajo, sal, pimienta y caldo; hervir. Cocinar durante 1 hora. Añadir el arroz, cocinar durante 18-20 minutos. Decorar con queso Parmesano y menta para servir.

Información nutricional: Calorías 310, Grasa 14g, Carbs 17g, Proteína 15g

Risotto de Tomate y Albahaca

Ingredientes para 4 porciones

10 oz tomates secos en aceite, escurridos y cortados
2 cdas aceite de oliva

2 tzas caldo de pollo
1 cebolla, cortada
1 tza arroz Arborio

1 tza queso Pecorino, rallado
¼ tza hojas de albahaca, picadas
Sal y pimienta negra al gusto

Instrucciones y tiempo total: aproximadamente 35 minutos

Calentar el aceite en una sartén a fuego medio. Saltear la cebolla y tomates secos por 5 minutos. Agregar el arroz, caldo, albahaca, sal y pimienta; hervir. Cocinar durante 20 minutos. Mezclar el queso pecorino y servir.

Información nutricional: Calorías 430, Grasa 9g, Carbs 57g, Proteína 8g

Arroz con Mejillones

Ingredientes para 4 porciones

1 lb mejillones, limpios
2 cdas aceite de oliva
2 dientes de ajo, picados

1 cebolla dulce, cortada
2 tomates, cortados
2 tzas caldo de pescado

1 tza arroz blanco
1 manojo perejil, picado
Sal y Pimienta blanca al gusto

Instrucciones y tiempo total: aproximadamente 40 minutos

Calentar el aceite en una cacerola a fuego medio. Sofreir el ajo y cebolla por 5 minutos. Agregar el arroz, cocinar por 1 minuto. Añadir el caldo y los tomates; hervir. Colocar los mejillones y cocinar durante 20 minutos. Descartar los mejillones cerrados. Salpimentar. Decorar con perejil y servir.

Información nutricional: Calorías 310, Grasa 15g, Carbs 17g, Proteína 12g

PASTA & COUSCOUS

Rigatoni con Aceitunas y Ricota

Ingredientes para 4 porciones

2 cdas aceite de oliva virgen-extra
1 lb rigatoni
½ lb queso ricota, en trozos

¾ tza aceitunas negras, picadas
10 tomates deshidratados, en tiras
1 cda orégano seco

Pimienta negra al gusto

Instrucciones y tiempo total: aproximadamente 25 minutos

Hervir agua con sal en una cacerola a fuego alto. Agregar el rigatoni y cocinar de acuerdo a las instrucciones del empaque. Escurrir.

Calentar el aceite en una cacerola a fuego medio. Incorporar el rigatoni, ricota, aceitunas y tomates; cocinar durante 2-3 minutos hasta que el queso comience a derretirse. Espolvorear con orégano y pimienta. Servir.

Información nutricional: Calorías 383, Grasa 28g, Carbs 21g, Proteína 15g

Macarrones a la Griega

Ingredientes para 6 porciones

10 aceitunas Kalamata
1½ lb macarrones
2 chiles rojo, picados
1 diente de ajo, picado
2 dientes de ajo, enteros
2 cdas perejil fresco, picado
1¼ tzas albahaca fresca, picada
½ tza aceite de oliva virgen-extra

½ cdita miel
½ limón, en jugo y ralladura
¼ tza mantequilla
1 cebolla morada pequeña, cortada
1 lb champiñones, en rebanadas
1 cdita pimentón dulce
6 tomates pera maduros, en puré
¼ tza vino blanco seco

1 oz ouzo
1 tza crema espesa
1 tza queso feta, en trozos
24 gambas, sin cáscara
1 tza queso feta, en cubos
1 cdita orégano griego seco
Sal y pimienta negra al gusto

Instrucciones y tiempo total: aproximadamente 50 minutos

Hervir agua con sal en una cacerola a fuego alto. Agregar los macarrones y cocinar por 6-8 minutos hasta estar al dente. Escurrir. Reservar. Precalentar el horno en broil.

En un procesador de alimentos, triturar los chiles, ajo entero, perejil, ¼ tza de albahaca, ¼ tza aceite, miel, jugo de limón, ralladura de limón y sal hasta obtener una mezcla homogénea; reservar.

Calentar el aceite restante y mantequilla en una sartén a fuego medio. Saltear la cebolla, ajo, champiñones y pimentón por 5 minutos. Incorporar los tomates, vino, ouzo, sal y pimienta; cocinar por 6-7 minutos hasta que la mayoría del líquido se evapore.

Agregar la crema espesa y queso feta en trozos; cocinar durante 3 minutos hasta que la salsa espese. Incorporar la albahaca restante y la pasta. Transferir la mezcla a una bandeja de horno. Esparcir las gambas y los cubos de queso feta. Gratinar durante 5 minutos hasta que las gambas estén hechas y el queso se derrita.

Bañar con la salsa de albahaca y espolvorear el orégano. Dejar enfriar durante 5 minutos. Decorar con aceitunas para servir.

Información nutricional: Calorías 1004, Grasa 47g, Carbs 97g, Proteína 47g

Penne Arrabbiata

Ingredientes para 4 porciones

2 cdas aceite de oliva
1 cebolla, cortada
6 dientes de ajo, picados
½ chile rojo, picado

2 tzas tomates en lata, en dados
½ cdita azúcar
1 lb penne rigate
1 tza queso mozzarella, deshebrado

1 tza albahaca fresca, picada
½ tza queso Parmesano, rallado
Sal y pimienta negra al gusto

Instrucciones y tiempo total: aproximadamente 30 minutos

Hervir agua con sal en una cacerola a fuego alto. Agregar el penne y cocinar durante 7-9 minutos hasta quedar al dente. Escurrir y conservar ¼ tza del agua. Reservar.

Calentar el aceite en una cacerola a fuego medio. Saltear la cebolla y ajo por 3-5 minutos. Añadir los tomates junto con el líquido, pimienta, azúcar y sal; cocinar durante 20 minutos hasta que la salsa espese. Incorporar la pasta y el líquido; cocinar por 2-3 minutos. Mezclar la mozzarella y chile rojo; cocinar durante 3-4 minutos hasta que el queso se derrita. Decorar con Parmesano y albahaca para servir.

Información nutricional: Calorías 454, Grasa 12g, Carbs 70g, Proteína 18g

Tortellini con Albóndigas y Alubias

Ingredientes para 4 porciones

2 cdas perejil, picado
12 oz tortellini fresco
3 cdas aceite de oliva

5 dientes de ajo, picados
½ lb albóndigas
1 (19-oz) lata alubias

1 (14-oz) lata tomates asados
Sal y pimienta negra al gusto

Instrucciones y tiempo total: aproximadamente 30 minutos

Hervir agua con sal en una cacerola a fuego alto. Agregar el tortellini y cocinar de acuerdo a las instrucciones del empaque. Escurrir. Reservar.

Calentar el aceite en una sartén a fuego medio. Saltear el ajo por 1 minuto. Agregar las albóndigas, cocinar por 4-5 minutos por todos los lados. Incorporar los tomates y alubias; cocinar durante 5 minutos. Salpimentar. Mezclar el tortellini. Decorar con perejil para servir.

Información nutricional: Calorías 578, Grasa 30g, Carbs 58g, Proteína 25g

Rigatoni al Tomate con Pimientos y Mozzarella

Ingredientes para 4 porciones

1 lb queso mozzarella fresco, en cubos
3 cdas aceite de oliva
¼ tza cebollín fresco, picado
¼ tza albahaca, picada
½ cdita chile seco

1 cdita vinagre de manzana
3 dientes de ajo, picados
2 tzas cebollas, en rodajas
3 tzas pimientos, en tiras
2 tzas salsa de tomate

8 oz rigatoni
1 cda mantequilla
¼ tza queso Parmesano, rallado
Sal y pimienta negra al gusto

Instrucciones y tiempo total: aproximadamente 30 minutos + tiempo de marinado

Hervir agua con sal en una cacerola a fuego alto. Agregar el rigatoni y cocinar de acuerdo a las instrucciones del empaque. Escurrir y conservar 1 tza del agua. Reservar.

En un recipiente, combinar la mozzarella, 1 cda aceite, cebollín, albahaca, chile seco, vinagre, sal y pimienta. Dejar marinar el queso durante 30 minutos a temperatura ambiente.

Calentar el aceite restante en una sartén a fuego medio. Saltear el ajo por 10 segundos. Agregar la cebolla y pimientos; cocinar por 3-4 minutos, removiendo ocasionalmente. Verter la salsa de tomate. Reducir la temperatura. Incorporar el rigatoni, agua, sal y pimienta. Retirar del fuego. Mezclar el mozzarella y mantequilla. Decorar con queso parmesano y servir.

Información nutricional: Calorías 434, Grasa 18g, Carbs 27g, Proteína 44g

Farfalle con Espinaca y Queso Ricota

Ingredientes para 4 porciones

¼ tza aceite de oliva virgen-extra
½ tza queso ricota, en trozos
2 cdas aceitunas negras, en mitades

4 tzas espinaca baby fresca, cortada
2 cdas cebollino, picado
16 oz farfalle

¼ tza vinagre de vino tinto
2 cditas jugo de limón
Sal y pimienta negra al gusto

Instrucciones y tiempo total: aproximadamente 25 minutos

Cocinar la pasta de acuerdo a las instrucciones del paquete. Escurrir y dejar enfriar. En un recipiente, combinar el cebollino, espinacas y pasta. En otro recipiente, mezclar el vinagre, aceite, jugo de limón, sal y pimienta. Verter sobre la pasta; mezclar bien. Servir inmediatamente.

Información nutricional: Calorías 377, Grasa 16g, Carbs 44g, Proteína 12g

Macarrones con Queso Spanakopita

Ingredientes para 3 porciones

½ lb macarrones, cocidos
4 cdas mantequillas
1 diente de ajo, picado

1 lb espinacas, en trozos
1 tza leche entera
1/3 tza queso feta, en trozos

¼ cdita nuez moscada molida
1 cdita orégano griego seco
1 cdita jugo de limón

Instrucciones y tiempo total: aproximadamente 15 minutos

Derretir la mantequilla en una cacerola a fuego medio. Sofreír el ajo y nuez moscada por 1 minuto. Verter poco a poco la leche. Agregar las espinacas y cocinar durante 3 minutos. Mezclar el feta y orégano, removiendo constantemente hasta que espese. Agregar la pasta y jugo de limón. Servir inmediatamente.

Información nutricional: Calorías 499, Grasa 30g, Carbs 42g, Proteína 19g

Farfalle Cremoso con Gambas

Ingredientes para 4 porciones

1 lb gambas, sin cáscara
1 cda aceite de oliva
2 cdas mantequilla sin sal
6 dientes de ajo, picados

½ tza vino blanco seco
1½ tzas crema espesa
½ tza queso Asiago, rallado
2 cdas perejil fresco, picado

16 oz farfalle
Sal y pimienta negra al gusto

Instrucciones y tiempo total: aproximadamente 25 minutos

Hervir agua en una cacerola a fuego alto. Agregar la pasta y cocinar durante 8-10 minutos hasta quedar al dente. Escurrir. Reservar. Calentar el aceite en una sartén a fuego medio. Sazonar las gambas con sal y pimienta. Agregarlas a la sartén; cocinar durante 2 minutos hasta que estén hechas. Reservar.

Derretir la mantequilla en la sartén. Sofreír el ajo hasta pochar. Verter el vino; cocinar hasta reducir por la mitad, desglasando el fondo. Reducir la temperatura. Mezclar la crema espesa; hervir durante 1 minuto. Incorporar el queso Asiago; cocinar hasta que el queso se derrita. Agregar las gambas y perejil. Salpimentar. Dividir la pasta en porciones individuales; agregar la salsa con las gambas y servir.

Información nutricional: Calorías 493, Grasa 32g, Carbs 16g, Proteína 34g

Linguine a la Crema con Espárragos

Ingredientes para 2 porciones

2 cditas aceite de oliva
1 manojo espinacas
1 cebolla dulce, en rodajas finas
¼ tza vino blanco

¼ tza caldo de verduras
2 tzas crema espesa
¼ cdita ajo en polvo
8 oz linguine

¼ tza queso Parmesano
1 limón, en jugo
2 cdas cebollín, picado
Sal y pimienta negra al gusto

Instrucciones y tiempo total: aproximadamente 30 minutos

Hervir agua con sal en una cacerola a fuego alto. Agregar el rigatoni y cocinar de acuerdo a las instrucciones del empaque. Escurrir. Reservar en un recipiente.

Cortar los espárragos en trozos pequeños. Calentar el aceite en una sartén a fuego medio. Saltear la cebolla por 3 minutos. Agregar los espárragos y vino; cocinar hasta que la mayoría del vino se haya evaporado. Verter el caldo. Incorporar la crema y ajo en polvo; hervir. Cocinar durante 2-3 minutos hasta que la salsa esté ligeramente espesa. Mezclar completamente el linguine. Retirar del fuego. Añadir el jugo de limón, sal y pimienta. Decorar con queso parmesano y cebollín para servir.

Información nutricional: Calorías 503, Grasa 55g, Carbs 41g, Proteína 24g

Pasta en Salsa de Nuez

Ingredientes para 4 porciones

3 cdas aceite de oliva virgen-extra
8 oz pasta integral

¼ tza nueces, picadas
3 dientes de ajo, finamente picados

½ tza eneldo fresco, picado
¼ tza queso Parmesano, rallado

Instrucciones y tiempo total: aproximadamente 20 minutos

Cocinar el fettuccine de acuerdo a las instrucciones del paquete. Escurrir y dejar enfriar. En un procesador de alimentos, triturar el aceite, eneldo, ajo, Parmesano y nueces durante 15 segundos hasta formar una pasta. Transferirla al recipiente con la pasta; mezclar bien. Servir inmediatamente.

Información nutricional: Calorías 559, Grasa 17g, Carbs 91g, Proteína 21g

Rigatoni con Verduras al Horno

Ingredientes para 6 porciones

2 cdas queso Pecorino-Romano, rallado
2 cdas aceite de oliva
1 lb calabaza, cortada

1 calabacín, cortado
1 cebolla, cortada
1 lb rigatoni

½ cdita ajo en polvo
½ tza vino blanco seco
Sal y pimienta negra al gusto

Instrucciones y tiempo total: aproximadamente 30 minutos

Precalentar el horno a 420°F. Cubrir una bandeja para horno con papel aluminio. En un recipiente, combinar el calabacín, calabaza, cebolla y aceite. Colocar los vegetales en la bandeja. Sazonar con sal, pimienta y ajo. Hornear durante 30 minutos hasta que suavicen. Hervir agua en una cacerola a fuego alto. Agregar la pasta y cocinar durante 8-10 minutos hasta quedar al dente. Escurrir. Reservar.

En un procesador de alimentos, triturar ½ tza de vegetales rostizados y el vino hasta obtener una mezcla cremosa. Transferirla a una sartén a fuego medio. Incorporar la pasta; cocinar hasta que la mezcla esté caliente. Agregar los vegetales restante. Decorar con queso Pecorino para servir.

Información nutricional: Calorías 186, Grasa 11g, Carbs 15g, Proteína 10g

Fettuccine en Salsa Blanca con Salmón y Espinaca

Ingredientes para 4 porciones

5 cdas mantequilla	1¼ tzas crema espesa	Trozos de limón para decorar
16 oz fettuccine	½ tza vino blanco seco	Sal y pimienta negra al gusto
4 filetes de salmón, en cubos	1 cdita ralladura de limón	
3 dientes de ajo, picados	1 tza espinaca baby	

Instrucciones y tiempo total: aproximadamente 35 minutos

Hervir agua con sal en una cacerola a fuego alto. Agregar el fettuccine y cocinar durante 8-10 minutos hasta quedar al dente. Escurrir. Reservar.

Derretir la mitad de la mantequilla en una sartén a fuego medio. Sazonar el salmón con sal y pimienta. Sellar durante 8 minutos en todos los lados hasta que se deshaga. Reservar en un plato.

Derretir la mantequilla restante. Sofreir el ajo por 1 minuto. Incorporar la crema, vino, ralladura de limón, sal y pimienta; hervir a fuego bajo durante 5 minutos. Agregar la espinaca; cocinar por 2 minutos hasta marchitar. Mezclar el fettuccine y salmón. Decorar con trozos de limón para servir.

Información nutricional: Calorías 795, Grasa 46g, Carbs 20g, Proteína 72g

Spaghetti a la Crema con Mejillones

Ingredientes para 4 porciones

1 lb mejillones, lavados	3 chalotas, finamente picadas	1½ tzas crema espesa
2 cdas aceite de oliva	6 dientes de ajo, picados	2 cdas perejil fresco, picado
16 oz spaghetti, partido por la mitad	2 cditas chile seco	Sal y pimienta negra al gusto
1 tza vino blanco	½ tza caldo de pescado	

Instrucciones y tiempo total: aproximadamente 20 minutos

Hervir agua con sal en una cacerola a fuego alto. Agregar el spaghetti y cocinar durante 8-10 minutos hasta quedar al dente. Escurrir. Reservar.

Agregar el vino y mejillones a una cacerola a fuego medio. Cubrir y cocinar durante 4 minutos, removiendo ocasionalmente. Conservar el líquido de la cocción. Descartar cualquier mejillón cerrado y dejarlos enfriar ligeramente. Retirar la cáscara de ¾ de los mejillones y conservar el resto en su concha.

Calentar el aceite en una sartén a fuego medio. Saltear las chalotas, ajo y chile seco por 3 minutos. Añadir el caldo y el líquido reservado; hervir. Mezclar la crema, sal y pimienta. Agregar el perejil. Incorporar la pasta y mejillones. Servir.

Linguine a la Toscana con Pollo

Ingredientes para 4 porciones

1 tza tomates deshidratados en aceite, cortados		
¾ tza queso Pecorino-Romano, rallado	1 cebolla blanca, cortada	1½ tzas crema espesa
2 cdas aceite de oliva	1 pimiento rojo, cortado	1 tza kale baby, picado
16 oz linguine	5 dientes de ajo, picados	Sal y pimienta negra al gusto
4 pechugas de pollo	¾ tza caldo de pollo	

Instrucciones y tiempo total: aproximadamente 35 minutos

Hervir agua con sal en una cacerola a fuego alto. Agregar el linguine y cocinar durante 8-10 minutos hasta quedar al dente. Escurrir. Reservar.

Calentar el aceite en una sartén a fuego medio. Salpimentar el pollo. Dorar durante 7-8 minutos hasta estar hecho. Transferir a un plato; cortar en 4 tiras cada pechuga. Reservar.

Sofreir la cebolla, tomates y pimiento por 5 minutos. Agregar el ajo; cocinar por 1 minuto. Verter el caldo y desglasar el fondo de la sartén. Mezclar la crema; hervir durante 2 minutos. Incoporar el queso; cocinar por 2 minutos hasta que el queso se derrita. Agregar el kale; cocinar hasta que marchite. Ajustar la sazón. Añadir la pasta y el pollo; mezclar bien. Servir.

Información nutricional: Calorías 941, Grasa 61g, Carbs 11g, Proteína 79g

Ragú de Res con Verduras

Ingredientes para 4 porciones

2 cdas mantequilla
16 oz tagliatelle
1 lb carne molida

¼ tza salsa de tomate
1 pimiento verde, cortado
1 pimiento rojo, cortado

1 cebolla morada pequeña, cortada
1 tza queso Parmesano, rallado
Sal y pimienta negra al gusto

Instrucciones y tiempo total: aproximadamente 20 minutos

Hervir agua con sal en una cacerola a fuego alto. Agregar el tagliatelle y cocinar durante 8-10 minutos hasta quedar al dente. Escurrir. Reservar.

Derretir la mitad de la mantequilla en una sartén a fuego medio. Dorar la carne por 5 minutos. Salpimentar. Añadir la salsa de tomate; cocinar durante 10 minutos hasta que la salsa reduzca a un cuarto. Incorporar los pimientos y cebolla; cocinar por 1 minuto. Retirar del fuego. Salpimentar. Mezclar el tagliatelle. Dividir la pasta en porciones individuales. Decorar con queso Parmesano y servir.

Información nutricional: Calorías 451, Grasa 26g, Carbs 6g, Proteína 39g

Tagliatelle con Sardinas

Ingredientes para 4 porciones

1 cda aceite de oliva
8 oz tagliatelle
¼ tza cebolla, picada
2 dientes de ajo, picados

1 cdita tomate en pasta
16 sardinas en aceite, en lata
1 cda alcaparras
½ tza queso Parmesano, rallado

1 cda perejil, picado
1 cdita orégano, picado
Sal y pimienta negra al gusto

Instrucciones y tiempo total: aproximadamente 20 minutos

Hervir agua en una cacerola a fuego alto. Agregar la pasta y cocinar durante 8-10 minutos hasta quedar al dente. Escurrir, y reservar ½ tza del agua . Reservar la pasta.

Calentar el aceite en una sartén a fuego medio. Sofreir la cebolla, ajo y orégano por 5 minutos. Agregar la sal, tomate en pasta, pimienta y agua; cocinar por 1 minuto. Incorporar la pasta, alcaparras y sardinas. Decorar con Parmesano y perejil.

Información nutricional: Calorías 412, Grasa 13g, Carbs 47g, Proteína 23g

Auténtico Fettuccine a la Puttanesca

Ingredientes para 4 porciones

2 cdas aceite de oliva virgen-extra
20 aceitunas Kalamata, cortadas
¼ tza albahaca fresca, picada
4 dientes de ajo, picados

2 filetes de anchoa, picados
¼ cdita chile seco
3 cdas alcaparras
3 (14-oz) latas tomates, en cubos

8 oz fettuccine
2 cdas queso Parmesano, rallado
Sal y pimienta negra al gusto

Instrucciones y tiempo total: aproximadamente 20 minutos

Cocinar el fettuccine de acuerdo a las instrucciones del paquete. Escurrir y dejar enfriar. Calentar el aceite en una sartén a fuego medio. Saltear el ajo y chile seco por 2 minutos. Agregar las alcaparras, anchoas, aceitunas, sal y pimienta; cocinar por 2-3 minutos hasta que las anchoas se derritan en el aceite. Triturar el tomate en un procesador de alimentos. Verterlo sobre la mezcla; sofreir durante 5 minutos. Mezclar la albahaca y pasta. Decorar con queso Parmesano para servir.

Información nutricional: Calorías 443, Grasa 14g, Carbs 65g, Proteína 18g

Penne al Pesto con Brócoli

Ingredientes para 4 porciones

1 lb brócoli
16 oz penne
1 tza caldo de verduras

2 cdas pesto de albahaca
2 tzas queso mozzarella, deshebrado
3 cdas queso Parmesano, rallado

2 cebollines, picados
Sal y pimienta negra al gusto

Instrucciones y tiempo total: aproximadamente 40 minutos

Hervir agua con sal en una cacerola a fuego alto. Agregar la pasta y cocinar durante 7-9 minutos hasta quedar al dente. Escurrir. Reservar. Precalentar el horno a 380ºF.

Mezclar la pasta, caldo, sal, pimienta, pesto, brócoli y cebollín en una bandeja para horno engrasada. Espolvorear queso Parmesano y mozzarella. Hornear durante 30 minutos. Servir caliente.

Información nutricional: Calorías 190, Grasa 4g, Carbs 9g, Proteína 8g

Penne en Salsa de Tomate

Ingredientes para 6 porciones

¼ tza aceite de oliva
1 chalota, en rebanadas delgadas
2 lb tomates cherry, en mitades
3 dientes de ajo, en rebandas delgadas

1 cda vinagre balsámico
1 cda azúcar
¼ cdita chile seco
1 lb penne

¼ tza orégano, picado
Sal y pimienta negra al gusto
Queso Pecorino, rallado

Instrucciones y tiempo total: aproximadamente 60 minutos

Precalentar el horno a 350ºF. En un recipiente, combinar las chalotas con un poco de aceite. En otro recipiente, combinar los tomates, aceite restante, ajo, vinagre, azúcar, chile seco, sal y pimienta. Transferir la mezcla a una bandeja previamente engrasada formando una capa. Agregar las chalotas en una capa. Hornear durante 33-38 minutos hasta que las chalotas empiecen a dorarse y la piel de los tomates se desprenda. Dejar enfriar durante 5-10 minutos.

Mientras tanto, hervir agua con sal en una cacerola a fuego alto. Agregar la pasta y cocinar hasta quedar al dente. Escurrir y reservar ½ tza del líquido.

En la cacerola, combinar la pasta, la mezcla de tomate y orégano. Sazonar. Ajustar la consistencia con el líquido reservado. Decorar con queso Pecorino para servir.

Información nutricional: Calorías 423, Grasa 16g, Carbs 45g, Proteína 15g

Pasta en Salsa Roja con Arúgula

Ingredientes para 6 porciones

¼ tza aceite de oliva
1 chalota, en rebanadas delgadas
2 lb tomates cherry, en mitades
3 dientes de ajo grandes, en rebanadas

1 cda vinagre de vino tinto
3 oz queso ricota, en trozos
1 cdita azúcar
¼ cdita chile seco

1 lb penne
4 oz arúgula baby
Sal y pimienta negra al gusto

Instrucciones y tiempo total: aproximadamente 60 minutos

Precalentar el horno a 350ºF. En un recipiente, combinar las chalotas con 1 cdita de aceite. En otro recipiente, combinar los tomates, aceite restante, ajo, vinagre, azúcar, chile seco, sal y pimienta. Transferir la mezcla a una bandeja previamente engrasada formando una capa. Agregar las chalotas en una capa.

Hornear durante 35-40 minutos hasta que las chalotas se doren y los la piel del tomate esté ligeramente quemada. Dejar enfriar durante 5-10 minutos.

Mientras tanto, hervir agua con sal en una cacerola a fuego alto. Agregar la pasta y cocinar hasta quedar al dente. Escurrir y reservar ½ tza del líquido. Regresar la pasta a la cacerola. Agregar la arúgula; mezclar hasta que la arúgula marchite. Añadir la salsa de tomate; mezclar bien. Sazonar. Ajustar la consistencia con el líquido reservado si es necesario. Acompañar con queso ricota para servir.

Información nutricional: Calorías 444, Grasa 19g, Carbs 44g, Proteína 18g

Ziti a la Marinara Horneado

Ingredientes para 4 porciones

Para la salsa Marinara
2 cdas aceite de oliva
¼ cebolla, en cubos
3 dientes de ajo, picados
1 (28-oz) lata tomates, en cubos

1 rama tomillo fresco
½ manojo albahaca fresca
Sal y pimienta negra al gusto
Para el Ziti
1 lb ziti

3½ tzas salsa marinara
1 tza queso cottage
1 tza mozzarella, rallada
¾ tza queso Pecorino, rallado

Instrucciones y tiempo total: aproximadamente 60 minutos

Calentar el aceite en una sartén a fuego medio. Sofreir la cebolla y ajo por 3 minutos. Agregar los tomates y hierbas; hervir cubierto durante 7 minutos. Descartar las ramas de las hierbas. Salpimentar. Reservar.

Precalentar el horno a 375ºF. Hervir agua con sal en una cacerola a fuego alto. Agregar la pasta y cocinar de acuerdo a las instrucciones del empaque. Escurrir. En un recipiente, combinar la pasta, 2 tzas de salsa marinara, queso cottage, la mitad del mozzarella y la mitad del queso Pecorino.

Transferir a una bandeja de horno. Añadir la salsa marinara restante y espolvorear con los quesos restantes. Hornear durante 25-35 minutos hasta que la salsa burbujee y los quesos se derritan. Servir caliente.

Información nutricional: Calorías 455, Grasa 17g, Carbs 62g, Proteína 19g

Fusilli Estilo Griego al Horno

Ingredientes para 4 porciones

2 cdas aceite de oliva	1 chalota, en rebanadas delgadas	1 cda tomate en pasta
1 tza queso Provolone, rallado	2 pimientos, cortados	½ tza yogurt griego
16 oz fusilli	2 tomates, en puré	1 cdita orégano seco, dividido
1 lb molida de pollo	1 hoja de laurel	½ cdita sal

Instrucciones y tiempo total: aproximadamente 55 minutos

Hervir agua con sal en una cacerola a fuego alto. Agregar el fusilli y cocinar durante 8-10 minutos hasta quedar al dente. Escurrir y reservar ½ tza del líquido. Transferir la pasta a un recipiente.

Precalentar el horno a 380ºF. Calentar el aceite en una sartén a fuego medio. Sellar el pollo durante 3-4 minutos por todos los lados. Agregar la chalota, pimiento, orégano y laurel; cocinar por 3-4 minutos. Transferir al recipiente con la pasta.

Incorporar el puré de tomate y tomate en pasta. Añadir el líquido reservado; mezclar bien. Transferir la mezcla a una bandeja de horno. Agregar una capa de yogurt y espolvorear con queso. Cubrir con papel aluminio y hornear durante 20 minutos. Retirar el aluminio y hornear durante 5 minutos más hasta que el queso se derrita. Servir caliente.

Información nutricional: Calorías 772, Grasa 28g, Carbs 71g, Proteína 58g

Fettuccine con Albahaca y Lomo de Cerdo

Ingredientes para 4 porciones

1 cda aceite de oliva	1 limón, en jugo y ralladura	1 tza queso Parmesano, en láminas
16 oz fettucccine	¼ tza caldo de pollo	Sal y pimienta negra al gusto
4 lomos de cerdo, en tiras	1 tza crème fraîche	
½ tza ejotes, cortados	6 hojas de albahaca, picadas	

Instrucciones y tiempo total: aproximadamente 40 minutos

Hervir agua con sal en una cacerola a fuego alto. Agregar el fettuccine y cocinar durante 8-10 minutos hasta quedar al dente. Escurrir. Reservar.

Calentar el aceite en una sartén a fuego medio. Sazonar el cerdo con sal y pimienta. Dorar durante 10 minutos por ambos lados. Agregar los ejotes; cocinar por 5 minutos. Incorporar la ralladura, jugo de limón y caldo; cocinar por 5 minutos más hasta que el líquido reduzca un cuarto. Mezclar la crème fraîche. Agregar la pasta y albahaca; cocinar por 1 minuto. Decorar con queso Parmesano y servir.

Información nutricional: Calorías 586, Grasa 32g, Carbs 9g, Proteína 59g

Rico Linguine a la Carbonara

Ingredientes para 4 porciones

1¼ tzas crema para batir espesa	¼ tza mayonesa	Sal y pimienta negra al gusto
16 oz linguine	4 yemas de huevo	
4 rebanadas bacon, cortadas	1 tza queso Parmesano, rallado	

Instrucciones y tiempo total: aproximadamente 30 minutos

Hervir agua con sal en una cacerola a fuego alto. Agregar la pasta y cocinar durante 8-10 minutos hasta quedar al dente. Escurrir. Reservar.

Freír el bacon en una sartén a fuego medio durante 5 minutos hasta quedar crujiente; reservar. Hervir la crema en una cacerola a fuego medio durante 5 minutos. Incorporar la mayonesa, sal y pimienta; cocinar por 1 minuto.

En un recipiente, colocar 2 cdas de la salsa; dejar enfriar completamente. Añadir las yemas; mezclar bien. Verter rápidamente en la cacerola; mezclar bien. Incorporar el queso Parmesano y la pasta; cocinar por 1 minuto hasta que la pasta esté caliente. Servir inmediatamente.

Información nutricional: Calorías 470, Grasa 36g, Carbs 9g, Proteína 25g

Tortellini al Limón con Guisantes

Ingredientes para 4 porciones

1 (14-oz) pqt tortellini de queso, congelado

2 cdas aceite de oliva	½ tza caldo de verduras	1 limón, ralladura
3 dientes de ajo, picados	2 tzas guisantes baby, congelados	2 cdas hojas de menta, picadas

Instrucciones y tiempo total: aproximadamente 30 minutos

Hervir agua con sal en una cacerola a fuego alto. Cocinar el tortellini de acuerdo a las instrucciones del paquete. Escurrir. Reservar. Calentar el aceite en una sartén a fuego medio. Sofreír el ajo por 2 minutos hasta dorar. Verter el caldo y guisantes; hervir. Agregar el tortellini; cocinar durante 4-5 minutos hasta que empiece a espesar. Mezclar la ralladura de limón. Decorar con menta para servir.

Información nutricional: Calorías 272, Grasa 11g, Carbs 34g, Proteína 11g

Rotini con Res y Espárragos

Ingredientes para 4 porciones

1 lb espárragos, en pzas de 1-inch
3 cdas aceite de oliva
16 oz rotini

1 lb molida de res
2 chalotas grandes, picadas
3 dientes de ajo, picados

1 tza queso Parmesano, rallado
Sal y pimienta negra al gusto

Instrucciones y tiempo total: aproximadamente 40 minutos

Hervir agua con sal en una cacerola a fuego alto. Agregar el rotini y cocinar durante 8-10 minutos hasta quedar al dente. Escurrir. Reservar.

Calentar una sartén a fuego medio. Agregar la carne; cocinar durante 10 minutos hasta dorar, rompiendo los trozos. Reservar en un plato. Limpiar la sartén.

Calentar el aceite en la sartén. Saltear los espárragos durante 7 minutos hasta suavizar. Agregar la chalota y ajo; cocinar por 2 minutos. Salpimentar. Incorporar la carne y rotini. Dividir la pasta en porciones individuales. Decorar con queso Parmesano para servir.

Información nutricional: Calorías 513, Grasa 25g, Carbs 21g, Proteína 44g

Tradicional Lasaña de Carne

Ingredientes para 4 porciones

2 cdas aceite de oliva
1 lb láminas de lasaña
1 lb molida de res

1 cebolla blanca, cortada
1 cdita sazonador Italiano
1 tza salsa marinara

½ tza queso Parmesano, rallado
Sal y pimienta negra al gusto

Instrucciones y tiempo total: aproximadamente 70 minutos

Precalentar el horno a 350 ºF. Calentar el aceite en una sartén a fuego medio. Saltear la carne y cebolla por 7-8 minutos. Sazonar con sal, pimienta y sazonador italiano; cocinar por 1 minuto. Añadir la salsa marinara; hervir durante 3 minutos.

En una bandeja de horno engrasada, colocar una capa de carne. Agregar una capa de láminas de lasaña. Repetir las capas dos veces más hasta que no queden más ingredientes. Espolvorear con queso Parmesano. Hornear durante 20 minutos hasta que la salsa burbuje y el queso se derrita. Dejar enfriar durante 2 minutos antes des servir.

Información nutricional: Calorías 557, Grasa 29g, Carbs 4g, Proteína 60g

Información nutricional: Calorías 471, Grasa 34g, Carbs 19g, Proteína 19g

Pasta con Pollo y Queso

Ingredientes para 4 porciones

16 oz pasta integral
2 cdas aceite de oliva
2 pechugas de pollo
1 cebolla dulce, cortada

3 dientes de ajo, picados
1 cdita sazonador italiano
¼ cdita chile seco
¼ cdita pimienta de cayena

1 tza salsa marinara
2 cdas mozzarella, rallada
2 cdas queso Parmesano, rallado
Sal y pimienta negra al gusto

Instrucciones y tiempo total: aproximadamente 35 minutos

Hervir agua en una cacerola a fuego alto. Cocinar la pasta de acuerdo a las instrucciones del paquete. Escurrir y reservar.

Calentar el aceite en una cacerola a fuego medio. Salpimentar el pollo. Dorarlo durante 10 minutos en ambos lados. Cortar en cubos y reservar.

Sofreír la cebolla y ajo en la cacerola por 3 minutos. Agregar el sazonador italiano, ajo en polvo, chile seco y cayena; cocinar por 1 minuto. Añadir la salsa marinara; hervir durante 5 minutos. Ajustar el sazón. Reducir la temperatura. Incorporar el pollo, pasta, mozzarella y Parmesano; cocinar hasta que los quesos se derritan. Servir inmediatamente.

Información nutricional: Calorías 763, Grasa 34g, Carbs 18g, Proteína 83g

Fusilli al Pesto con Brócoli

Ingredientes para 4 porciones

¼ tza aceite de oliva
4 tomates roma, en cubos
1 tza brócoli
1 lb fusilli

2 cditas tomate en pasta
2 dientes de ajo, picados
1 cda orégano fresco, picado
½ cdita sal

1 tza caldo de verduras
6 hojas albahaca fresca
¼ tza queso Parmesano, rallado
¼ tza piñones

Instrucciones y tiempo total: aproximadamente 25 minutos

Hervir agua en una cacerola a fuego alto. Agregar la pasta y cocinar durante 8-10 minutos hasta quedar al dente. Escurrir. Reservar. Sofreir el tomate en pasta, tomates, caldo, orégano, ajo y sal en una sartén a fuego medio por 10 minutos.

En un procesador de alimentos, triturar la albahaca, brócoli, Parmesano, aceite y piñones hasta obtener una mezcla cremosa. Verter sobre la salsa de tomate; mezclar bien. Incorporar la pasta; cocinar hasta que todos los ingredientes estén calientes. Servir inmediatamente.

Información nutricional: Calorías 385, Grasa 22g, Carbs 38g, Proteína 12g

Fusilli con Res

Ingredientes para 4 porciones

1 tza queso Pecorino-Romano, rallado
1 lb filete New-York, en cubos de 1-inch
4 cdas mantequilla

16 oz fusilli
4 dientes de ajo, picados
2 cdas perejil fresco, picado

Sal y pimienta negra al gusto

Instrucciones y tiempo total: aproximadamente 30 minutos

Hervir agua con sal en una cacerola a fuego alto. Agregar el fusilli y cocinar durante 8-10 minutos hasta quedar al dente. Escurrir. Reservar.

Derretir la mantequilla en una sartén a fuego medio. Sazonar la carne con sal y pimienta. Dorar durante 10 minutos por ambos lados. Agregar el ajo; cocinar por 1 minuto más. Incorporar el perejil y fusilli. Salpimentar. Dividir la pasta en porciones individuales. Decorar con Pecorino-Romano y servir.

Información nutricional: Calorías 422, Grasa 22g, Carbs 17g, Proteína 36g

Ziti en Salsa Cremosa de Azafrán con Pollo

Ingredientes para 4 porciones

3 cdas mantequilla
16 oz ziti
4 pechugas de pollo, en tiras
½ cdita pistilos de azafrán
1 cebolla dulce, cortada

2 dientes de ajo, picados
1 cda harina de almendra
1 pizca cardamomo en polvo
1 pizca canela en polvo
1 tza crema espesa

1 tza caldo de pollo
¼ tza cebollín, picado
3 cdas perejil, picado
Sal y pimienta negra al gusto

Instrucciones y tiempo total: aproximadamente 35 minutos

Hervir agua con sal en una cacerola a fuego alto. Agregar el ziti y cocinar durante 8-10 minutos hasta quedar al dente. Escurrir. Reservar.

Derretir la matequilla en una sartén a fuego medio. Salpimentar el pollo. Dorarlo durante 5 minutos. Agregar el azafrán, cebolla y ajo; cocinar por 3 minutos. Mezclar la harina, cardamomo y canela; cocinar por 1 minuto. Añadir la crema y caldo; hervir durante 2-3 minutos. Sazonar. Incorporar el ziti y cebollín; calentar durante 1-2 minutos. Decorar con perejil.

Información nutricional: Calorías 775, Grasa 48g, Carbs 3g, Proteína 73g

Farfalle en Salsa de Mostaza con Pollo

Ingredientes para 4 porciones

1 cda aceite de oliva
16 oz farfalle
4 pechugas de pollo, en tiras
1 cebolla dulce, en rebanadas delgadas

1 pimiento amarillo, en tiras
1 diente de ajo, picado
1 cda mostza en grano
5 cdas crema espesa

1 tza mostza castaña, cortada
1 cda perejil, picado
Sal y pimienta negra al gusto

Instrucciones y tiempo total: aproximadamente 40 minutos

Hervir agua con sal en una cacerola a fuego alto. Agregar el farfalle y cocinar durante 8-10 minutos hasta quedar al dente. Escurrir. Reservar.

Calentar el aceite en una sartén a fuego medio. Salpimentar el pollo. Dorarlo durante 10 minutos en ambos lados. Reservar.

Agregar la cebolla y pimiento en la sartén; sofreir por 5 minutos. Agregar el ajo; cocinar por 30 segundos. Mezclar la mostaza y crema; hervir durante 2 minutos. Incorporar el pollo y mostaza castaña; cocinar durante 2 minutos. Ajustar el sazón. Incorporar el farfalle; calentar durante 1 minuto. Dividir la pasta en porciones individuales. Decorar con perejil.

Información nutricional: Calorías 692, Grasa 38g, Carbs 16g, Proteína 65g

Tortiglioni Primavera

Ingredientes para 4 porciones

½ tza queso Pecorino-Romano, rallado
2 tzas coliflor, en trozos
¼ tza aceite de oliva
16 oz tortiglioni

½ tza cebollín, picado
1 pimiento rojo, en tiras
4 dientes de ajo, picado
1 tza tomates cherry pera, en mitades

2 cditas sazonador italiano seco
½ limón, en jugo

Instrucciones y tiempo total: aproximadamente 25 minutos

Hervir agua con sal en una cacerola a fuego alto. Agregar el tortiglioni y cocinar durante 8-10 minutos hasta quedar al dente. Escurrir. Reservar.

Calentar el aceite en una sartén a fuego medio. Sofreir la cebolla, coliflor y pimiento por 7 minutos. Agregar el ajo; cocinar por 30 segundos. Incorporar los tomates y sazonador italiano; cocinar durante 5 minutos. Añadir el jugo de limón y tortiglioni. Decorar con queso para servir.

Información nutricional: Calorías 283, Grasa 18g, Carbs 5g, Proteína 15g

Linguine a la Genovesa

Ingredientes para 4 porciones

1 lb mejillones, lavados
1 cda aceite de oliva
½ tza vino Pinot Grigio

2 dientes de ajo, picados
½ cdita chile seco
½ limón, en jugo y ralladura

1 lb linguine
2 cdas perejil, finamente picado
Sal y pimienta negra al gusto

Instrucciones y tiempo total: aproximadamente 40 minutos

Colocar los mejillones y vino en una cacerola a fuego medio. Cubrir y cocinar durante 5-7 minutos hasta que los mejillones se abran. Descartar los mejillones cerrados. Colocar los mejillones abiertos en un recipiente. Usando un colador fino, escurrir el líquido de los mejillones para descartar cualquier impureza. Limpiar la cacerola.

Calentar el aceite en la cacerola a fuego medio. Sofreir el ajo y chile seco por 3 minutos. Añadir el líquido de los mejillones, ralladura de limón y jugo de limón; hervir durante 3-4 minutos. Incorporar los mejillones; calentar por 3 minutos.

Hervir agua con sal en una cacerola a fuego alto. Agregar la pasta y cocinar hasta quedar al dente. Escurrir y reservar ½ tza del líquido. Combinar la pasta, salsa de mejillones y perejil en la cacerola. Sazonar. Ajustar la consistencia con el líquido reservado si es necesario. Servir inmediatamente.

Información nutricional: Calorías 423, Grasa 9g, Carbs 37g, Proteína 16g

Farfalle con Tomates y Calabacín

Ingredientes para 6 porciones

2 lb calabacín, en rebanadas de ½-inch
2 cdas queso Pecorino-Romano, rallado
5 cdas aceite de oliva virgen-extra
3 dientes de ajo, picados

½ cdita chile seco
1 lb farfalle
12 oz tomates cherry pera, en mitades
½ tza albahaca fresca, cortada

¼ tza piñones, tostados
2 cdas vinagre balsámico
Sal y pimienta negra al gusto

Instrucciones y tiempo total: aproximadamente 30 minutos

Añadir 1 cda sal al calabacín. Dejar escurrir en un colador durante 30 minutos. Secarlo. Calentar 1 cda aceite en una sartén a fuego medio. Saltear la mitad del calabacín por 5-7 minutos hasta quedar dorado y ligeramente quemado. Reservar en un plato. Calentar 1 cda aceite y repetir el proceso con el calabacín restante. Calentar 1 cda aceite en la sartén. Sofreir el ajo y chile seco por 30 segundos. Agregar la calabaza; cocinar por 40 segundos.

Mientras tanto, hervir agua con sal en una cacerola a fuego alto. Agregar la pasta y cocinar hasta quedar al dente. Escurrir y reservar ½ tza del líquido. Colocar la pasta de nuevo en la cacerola.

Incorporar el calabacín, tomates, albahaca, piñones, vinagre y aceite restante. Sazonar. Ajustar la consistencia con el líquido reservado si es necesario. Decorar con queso Pecorino-Romano rallado.

Información nutricional: Calorías 422, Grasa 13g, Carbs 41g, Proteína 14g

Spaghetti en Salsa de Tomate con Champiñones

Ingredientes para 4 porciones

¼ tza aceite de oliva
16 oz spaghetti, partido por la mitad
2 tzas champiñones, cortados
1 pimiento, cortado

½ tza cebolla dulce, cortada
3 dientes de ajo, picados
½ cdita cinco especies chinas en polvo
2 cdas perejil fresco, picado

1 cda tomate en pasta
2 tomates maduros, cortados
½ tza queso Parmesano, rallado
Sal y pimienta negra al gusto

Instrucciones y tiempo total: aproximadamente 30 minutos

Calentar el aceite en una sartén a fuego medio. Saltear los champiñones, pimiento, cebolla y ajo durante 4-5 minutos. Agregar la sal, pimienta, cinco especies en polvo, tomate en pasta y tomates; mezclar bien y cocinar durante 10-12 minutos.

Hervir agua con sal en una cacerola a fuego alto. Agregar la pasta y cocinar durante 8-10 minutos hasta quedar al dente. Escurrir. Incorporar los vegetales. Decorar con Parmesano y perejil para servir.

Información nutricional: Calorías 566, Grasa 22g, Carbs 72g, Proteína 24g

Fusilli en Salsa de Garbanzo

Ingredientes para 4 porciones

1 (15-oz) lata garbanzos, escurridos, líquido reservado
¼ tza aceite de oliva
½ chalota grande, cortada

5 dientes de ajo, picados
1 tza fusilli integral
¼ tza queso Parmesano, en láminas
2 cditas perejil seco

1 cdita orégano seco
1 pizca chile seco
Sal y pimienta negra al gusto

Instrucciones y tiempo total: aproximadamente 35 minutos

Calentar el aceite en una sartén a fuego medio. Saltear la chalota y ajo por 3-5 minutos. Agregar ¾ de los garbanzos y 2 cdas del líquido; hervir. Retirar del fuego. Transferir la mezcla a un procesador de alimentos; triturar hasta obtener una mezcla cremosa, añadir más líquido si está muy espeso.

Hervir agua con sal en una cacerola a fuego alto. Agregar la pasta y cocinar hasta quedar al dente. Escurrir y reservar ½ tza del líquido. Combinar la pasta y salsa de garbanzo en la cacerola. Añadir ¼ tza del líquido reservado a la vez hasta obtener la consistencia deseada. Cocinar a fuego medio hasta que la salsa espese. Salpimentar. Agregar el queso Parmesano, perejil, orégano y chile seco. Servir caliente.

Información nutricional: Calorías 322, Grasa 18g, Carbs 36g, Proteína 12g

Couscous con Acelgas y Queso Feta

Ingredientes para 4 porciones

2 cdas aceite de oliva
10 oz couscous

2 dientes de ajo, picados
1 tza pasas

½ tza queso feta, en trozos
1 manojo acelgas, cortada

Instrucciones y tiempo total: aproximadamente 20 minutos

Colocar el couscous en un recipiente. Cubrir con agua hirviendo. Cubrir y dejar reposar durante 10 minutos. Removerlo con un tenedor. Calentar el aceite en una sartén a fuego medio. Sofreir el ajo por 1 minuto. Incorporar el couscous, pasas y acelgas. Decorar con feta para servir.

Información nutricional: Calorías 310, Grasa 8g, Carbs 18g, Proteína 7g

Penne a la Boloñesa Horneado

Ingredientes para 6 porciones

1 lb penne
1 lb molida de res

Una pizca de sal
1 (25-oz) lata salsa de tomate-albahaca

1 lb espinaca baby, lavada
3 tzas queso mozzarella, deshebrado

Instrucciones y tiempo total: aproximadamente 55 minutos

Hervir agua con sal en una cacerola a fuego alto. Agregar la pasta y cocinar hasta quedar al dente. Escurrir y reservar 1 tza del líquido. Precalentar el horno a 350ºF. Sellar la carne y 1 pizca de sal en una sartén a fuego medio durante 5 minutos. Añadir la salsa de tomate y 2 tzas de agua; hervir durante 5 minutos. Agregar un manojo de espinacas a la vez; cocinar por 3 minutos.

Colocar la pasta en una bandeja de horno. Incorporar la salsa y 1½ tzas queso mozzarella. Cubrir con papel aluminio y hornear durante 20 minutos. Retirar el aliuminio. Espolvorear el mozzarella restante. Hornear durante 8-12 minutos más hasta que el queso se derrita. Servir inmediatamente.

Información nutricional: Calorías 445, Grasa 21g, Carbs 43g, Proteína 29g

Penne con Espinaca y Aceitunas

Ingredientes para 4 porciones

1 cda aceite de oliva
8 oz penne
2 dientes de ajo, picados
¼ cdita pimentón

2 tzas perejil, picado
4 tzas espinaca baby
¼ cdita nuez moscada molida
1/3 tza aceitunas verdes, en rodajas

1/3 tza queso Parmesano, rallado
Sal y pimienta negra al gusto

Instrucciones y tiempo total: aproximadamente 30 minutos

Hervir agua con sal en una cacerola a fuego alto. Agregar la pasta y cocinar de acuerdo a las instrucciones del empaque. Escurrir y reservar ¼ tza del agua.

Calentar el aceite en una sartén a fuego medio. Sofreir el ajo y pimentón por 30 segundos, removiendo constantemente. Agregar el perejil; cocinar por 1 minuto. Incorporar la espinaca, nuez moscada, pimienta y sal; cocinar por 3 minutos, removiendo constantemente.. Mezclar la pasta, agua reservada y aceitunas; cocinar por 2 minutos hasta que el líquido se absorba. Decorar con queso Parmesano y servir.

Información nutricional: Calorías 273, Grasa 5g, Carbs 48g, Proteína 17g

Couscous Marroquí

Ingredientes para 4 porciones

2 cdas albaricoque deshidratado, cortado
2 cdas aceite de oliva
1 tza couscous instantáneo
2 cdas sultanas deshidratadas
½ cebolla, cortada

1 naranja, en jugo y ralladura
¼ cdita pimentón
¼ cdita cúrcuma
½ cdita ajo en polvo

½ cdita comino molido
¼ cdita canela molida
Sal y pimienta negra al gusto

Instrucciones y tiempo total: aproximadamente 25 minutos

Calentar el aceite en una cacerola a fuego medio. Sofreir la cebolla por 3 minutos. Agregar el jugo de naranja, ralladura de naranja, ajo en polvo, comino, sal, pimentón, cúrcuma, canela, pimienta y 2 tzas agua; hervir. Incorporar los albaricoques, couscous y sultanas. Retirar del fuego. Dejar reposar cubierta durante 5 minutos. Remover el couscous con un tenedor. Servir inmediatamente.

Información nutricional: Calorías 246, Grasa 7.4g, Carbs 41.8g, Proteína 5g

Orzo Estilo Turco

Ingredientes para 2 porciones

1 tza orzo seco
1 tza tomates cherry pera, en mitades
1 (6-oz) bolsa espinacas baby

2 cdas aceite de oliva virgen-extra
¾ tza queso feta, en trozos
1 limón, en jugo y ralladura

1 cda eneldo fresco, picado
Sal y pimienta negra al gusto

Instrucciones y tiempo total: aproximadamente 20 minutos

Hervir agua con sal en una cacerola a fuego alto. Agregar la pasta y cocinar durante 8 minutos. Escurrir. Colocar la pasta en la cacerola. Agregar los tomates y espinaca; cocinar por 4-5 minutos hasta que la espinaca se marchite. Incorporar el aceite, sal y pimienta. Mezclar el feta, eneldo, jugo de limón y ralladura de limón. Servir caliente.

Información nutricional: Calorías 612, Grasa 27g, Carbs 74g, Proteína 22g

Couscous al Limón con Brócoli

Ingredientes para 4 porciones

2 cditas aceite de oliva
1 cebolla morada pequeña, en rodajas

1 limón, en ralladura
1 brócoli, separado

1 tza couscous
Sal y pimienta negra al gusto

Instrucciones y tiempo total: aproximadamente 20 minutos

Hervir agua con sal en una cacerola a fuego alto. Blanquear el brócoli durante 4-6 minutos hasta suavizar. Reservar en un recipiente. En otro recipiente, colocar el couscous y el agua hirviendo del brócoli. Cubrir y dejar reposar durante 3-4 minutos hasta que el líquido se absorba. Remover con un tenedor. Sazonar con sal, ralladura de limón y pimienta. Agregar el brócoli y cebolla morada para servir.

Información nutricional: Calorías 620, Grasa 45g, Carbs 51g, Proteína 11g

PIZZA & SNACKS

Tradicional Pizza Margherita

Ingredientes para 4 porciones

1 (15-oz) lata tomates San Marzano con jugo, en dados
16 oz masa para pizza   10 rebanadas queso mozzarella   Sal al gusto
1 cdita orégano   12 hojas albahaca fresca
2 cdas aceite de oliva virgen-extra   6 aceitunas negras, enteras

Instrucciones y tiempo total: aproximadamente 30 minutos

Precalentar el horno a 450ºF. Colocar la masa en una superficie con harina. Aplanarla para obtener una base delgada. Transferirla a una bandeja para pizza. y rociarla con un poco de aceite. En un recipiente, machacar los tomates, aceite y sal hasta obtener una pasta cremosa. Untar el tomate en la base, dejando 1-inch de espacio en los bordes. Espolvorear con orégano. Acomodar las rebanadas de queso por toda la base. Hornear durante 8-10 minutos hasta que la base esté crujiente. Decorar con albahaca y aceitunas. Servir inmediatamente.

Información nutricional: Calorías 542, Grasa 21g, Carbs 63g, Proteína 26g

Pizza en Sartén

Ingredientes para 2 porciones

1 cda mantequilla   2 cdas pesto   2 huevos grandes
2 pzas focaccia   1 tomate mediano, en rodajas

Instrucciones y tiempo total: aproximadamente 10 minutos

Calentar una sartén a fuego medio. Tostar la focaccia durante 4 minutos en ambos lados. Transferir a un plato. Untar 1 cda de pesto en uno de los lados de cada focaccia. Agregar rodajas de tomate. Derretir la mantequilla en la sartén. Romper los huevos y cocinarlos hasta que estén hechos. Colocar un huevo en cada focaccia. Servir inmediatamente.

Información nutricional: Calorías 427, Grasa 17g, Carbs 10g, Proteína 17g

Clásica Pizza de Pepperoni

Ingredientes para 4 porciones

2 cdas aceite de oliva   1 pizca de azúcar   1 cdita orégano seco
2 tzas harina   1 cdita levadura seca   2 tzas queso mozzarella
1 tza agua caliente   ¾ cdita sal   1 tza pepperoni, en rebanadas

Instrucciones y tiempo total: aproximadamente 90 minutos

Tamizar la harina y sal en un recipiente. Agregar la levadura. En otro recipiente, mezclar el agua, aceite y azúcar. Verter cuidadosamente en la harina; mezclar hasta obtener una masa suave. Colocar la masa en una superficie enharinada y amasar durante 4-5 minutos hasta que esté elástica. Colocar la masa en un recipiente engrasado. Cubrir con papel transparente y dejar fermentar durante 50-60 minutos a temperatura ambiente hasta doblar su tamaño. Aplanar la masa hasta obtener un círculo delgado de aproximadamente 12-inches.

Precalentar el horno a 400ºF. Colocar la masa en una bandeja para pizza. Agregar el mozzarella, orégano y pepperoni. Hornear durante 15 minutos hasta que el queso se derrita. Dejar enfriar ligeramente antes de cortar y servir.

Información nutricional: Calorías 229, Grasa 7g, Carbs 0.4g, Proteína 36g

Pizza de Albóndigas

Ingredientes para 4 porciones

1 masa para pizza   ½ cdita orégano seco   1 tza pimientos, en tiras
1½ tzas salsa para pizza   8 oz albóndigas mini   2 tzas queso mozzarella, deshebrado

Instrucciones y tiempo total: aproximadamente 25 minutos

Precalentar el horno a 400ºF. Expandir la salsa para pizza sobre la masa. Espolvorear con orégano. Colocar las albóndigas. Agregar los pimientos y mozzarella. Hornear durante 20 minutos hasta que la corteza esté crujiente y el queso derretido. Servir inmediatamente.

Información nutricional: Calorías 555, Grasa 28g, Carbs 45g, Proteína 30g

Pizza de Alcachofa y Tomate

Ingredientes para 4 porciones

2 cdas aceite de oliva	¾ cdita sal	1 cda orégano seco
1 tza passata, en lata	1½ tzas corazones de alcachofa	6 tomates deshidratados, cortados
2 tzas harina	¼ tza queso Asiago, rallado	½ cdita chile seco
1 pizca de azúcar	½ cebolla, picada	5-6 hojas de albahaca, cortadas
1 cdita levadura seca	3 dientes de ajo, picados	

Instrucciones y tiempo total: aproximadamente 80 minutos

Tamizar la harina y sal en un recipiente. Agregar la levadura. En otro recipiente, mezclar el agua, aceite y azúcar. Verter cuidadosamente en la harina; mezclar hasta obtener una masa suave. Colocar la masa en una superficie enharinada y amasar durante 4-5 minutos hasta que esté elástica. Colocar la masa en un recipiente engrasado. Cubrir con papel transparente y dejar fermentar durante 50-60 minutos a temperatura ambiente hasta doblar su tamaño. Aplanar la masa hasta obtener un círculo delgado de aproximadamente 12-inches.

Precalentar el horno a 400ºF. Calentar el aceite en una cacerola a fuego medio. Sofreir la cebolla y ajo por 3-4 minutos. Mezclar los tomates y orégano; hervir. Reducir la temperatura y hervir durante 5 minutos. Colocar la masa para pizza en una bandeja. Expandir la salsa de tomate sobre la base. Agregar las alcachofas y tomates deshidratados. Espolvorear con queso. Hornear durante 15 minutos hasta dorar. Decorar con chile seco y hojas de albahaca. Cortar en rebanadas y servir.

Información nutricional: Calorías 254, Grasa 9.5g, Carbs 34.3g, Proteína 8g

Pizza Vegetariana

Ingredientes para 4 porciones

Para la masa

1 cda aceite de oliva	¼ cdita sal	1 tza agua caliente
½ tza harina de almendra	2 cdas psyllium en polvo	

Para los complementos

1 cda aceite de oliva	3 tzas brócoli	4 tomates, en rodajas
1 tza champiñones frescos, en rebanadas	4 dientes de ajo, picados	1½ tzas mozzarella, rallada
1 cebolla blanca, en rodajas delgadas	½ tza salsa para pizza	½ tza queso Parmesano, rallado

Instrucciones y tiempo total: aproximadamente 25 minutos

Precalentar el horno a 400ºF. Colocar papel de horno en una bandeja para pizza. En un recipiente, combinar la harina, sal, psyllium en polvo, aceite y agua hasta formar una masa. Aplanar la masa hasta obtener una forma redonda. Colocarla en la bandeja y hornear durante 10 minutos. Dejar enfriar ligeramente.

Calentar el aceite en una sartén a fuego medio. Saltear los champiñones, cebolla, ajo y brócoli durante 5 minutos. Untar la salsa para pizza en la base. Agregar la mezcla de brócoli, tomate, mozzarella y Parmesano. Hornear durante 5 minutos. Servir.

Información nutricional: Calorías 180, Grasa 9g, Carbs 3.6g, Proteína 17g

Pizza Portuguesa

Ingredientes para 4 porciones

Para la masa

2 cda aceite de oliva	1 tza agua caliente	1 cdita levadura seca
2 tzas harina	1 pizca de azúcar	¾ cdita sal

Para los complementos

2 cdas salsa para pizza	1 cdita orégano seco	2 huevos duros, en rebanadas
2 cebollas moradas, en rodajas finas	2 tzas mozzarella, deshebrada	12 aceitunas verdes

Instrucciones y tiempo total: aproximadamente 90 minutos

Tamizar la harina y sal en un recipiente. Agregar la levadura. En otro recipiente, mezclar el agua, aceite y azúcar. Verter cuidadosamente en la harina; mezclar hasta obtener una masa suave. Colocar la masa en una superficie enharinada y amasar durante 4-5 minutos hasta que esté elástica. Colocar la masa en un recipiente engrasado. Cubrir con papel transparente y dejar fermentar durante 50-60 minutos a temperatura ambiente hasta doblar su tamaño. Aplanar la masa hasta obtener un círculo delgado de aproximadamente 12-inches.

Precalentar el horno a 450ºF. Colocar la masa en una bandeja para pizza. Untar la salsa sobre la base. Agregar orégano, mozzarella, cebolla y aceitunas. Hornear durante 10 minutos. Decorar con el huevo. Cortar en rebanadas y servir.

Información nutricional: Calorías 317, Grasa 20g, Carbs 1g, Proteína 28g

Pizza de Arúgula y Aceitunas

Ingredientes para 4 porciones

2 cdas aceite de oliva	1 cdita levadura seca	1 tza mozzarella, rallada
2 tzas harina	2 cdas miel	¾ cdita orégano seco
1 tza agua caliente	½ tza vinagre balsámico	6 aceitunas negras, escurridas
1 pizca de azúcar	4 tzas arúgula	Sal al gusto

Instrucciones y tiempo total: aproximadamente 90 minutos

Tamizar la harina y ¾ cdita de sal en un recipiente. Agregar la levadura. En otro recipiente, mezclar el agua, aceite y azúcar. Verter cuidadosamente en la harina; mezclar hasta obtener una masa suave. Colocar la masa en una superficie enharinada y amasar durante 4-5 minutos hasta que esté elástica. Colocar la masa en un recipiente engrasado. Cubrir con papel transparente y dejar fermentar durante 50-60 minutos a temperatura ambiente hasta doblar su tamaño. Aplanar la masa hasta obtener un círculo delgado de aproximadamente 12-inches.

En una cacerola a fuego medio, calentar el vinagre y miel durante 5 minutos hasta obtener un sirope. Precalentar el horno a 390ºF. Colocar la masa en una bandeja para pizza. Espolvorear con orégano y mozzarella. Hornear durante 10-15 minutos. Agregar la arúgula. Bañar con el sirope y aceitunas. Servir inmediatamente.

Información nutricional: Calorías 350, Grasa 15.4g, Carbs 47g, Proteína 6g

Pizza de Chorizo Picante

Ingredientes para 4 porciones

Para la masa

2 cdas aceite de oliva	1 tza agua caliente	1 cdita levadura seca
2 tzas harina	1 pizca azúcar	¾ cdita sal

Para los complementos

1 tza mozzarella ahumada, en rebanadas	1 tza chorizo. en rebanadas	1 chile jalapeño, picado
1 cda aceite	¼ tza salsa marinara	¼ cebolla morada, en rodajas finas

Instrucciones y tiempo total: aproximadamente 20 minutos

Tamizar la harina y sal en un recipiente. Agregar la levadura. En otro recipiente, mezclar el agua, aceite y azúcar. Verter cuidadosamente en la harina; mezclar hasta obtener una masa suave. Colocar la masa en una superficie enharinada y amasar durante 4-5 minutos hasta que esté elástica. Colocar la masa en un recipiente engrasado. Cubrir con papel transparente y dejar fermentar durante 50-60 minutos a temperatura ambiente hasta doblar su tamaño. Aplanar la masa hasta obtener un círculo delgado de aproximadamente 12-inches.

Precalentar el horno a 400ºF. Colocar la masa en una bandeja para pizza. Calentar el aceite en una sartén a fuego medio. Dorar el chorizo durante 5 minutos. Untar la salsa marinara sobre la base. Añadir la mozzarella, chorizo, jalapeño y cebolla. Hornear durante 15 minutos hasta que el queso se derrita. Cortar en rebanadas y servir.

Información nutricional: Calorías 391, Grasa 17g, Carbs 51g, Proteína 11g

Deliciosa Pizza Vegetariana con Espinaca

Ingredientes para 4 porciones

Para la masa

1 cda aceite de oliva	¼ cdita sal	1 tza agua caliente
½ tza harina de almendra	2 cdas psyllium en polvo	

Para los complementos

½ tza salsa de tomate	1 tza mozzarella, rallada	3 cdas aceitunas negras, en rodajas
½ tza espinaca baby	1 cdita orégano seco	

Instrucciones y tiempo total: aproximadamente 40 minutos

Precalentar el horno a 400ºF. Colocar papel de horno en una bandeja para pizza. En un recipiente, mezclar la harina, sal, psyllium, aceite y agua hasta obtener una masa. Aplanar la masa hasta obtener una forma redonda. Colocarla en la bandeja y hornear durante 10 minutos.

Untar la base con la salsa de tomate. Agregar la espinaca, mozzarella, orégano y aceitunas. Hornear durante 15 minutos hasta que el queso se derritar. Cortar en rebanadas y servir.

Información nutricional: Calorías 167, Grasa 13g, Carbs 6.7g, Proteína 4g

Pizza Española

Ingredientes para 4 porciones

Para la corteza

2 cdas aceite de oliva	1 tza agua caliente	1 cdita levadura seca
2 tzas harina	1 pizca de azúcar	¾ cdita sal

Para los complementos

1/3 tza aceitunas españolas con pimiento	½ tza mozzarella, en rebanadas	7 hojas de albahaca frescas
½ tza salsa de tomate	4 oz jamón serrano, en lonchas	

Instrucciones y tiempo total: aproximadamente 90 minutos

Tamizar la harina y sal en un recipiente. Agregar la levadura. En otro recipiente, mezclar el agua, aceite y azúcar. Verter cuidadosamente en la harina; mezclar hasta obtener una masa suave. Colocar la masa en una superficie enharinada y amasar durante 4-5 minutos hasta que esté elástica. Colocar la masa en un recipiente engrasado. Cubrir con papel transparente y dejar fermentar durante 50-60 minutos a temperatura ambiente hasta doblar su tamaño. Aplanar la masa hasta obtener un círculo delgado de aproximadamente 12-inches.

Precalentar el horno a 400ºF. Colocar la masa en una bandeja para pizza. Untar la base con salsa de tomate. Acomodar las rebanadas de mozzarella y el jamón serrano. Hornear durante 15 minutos hasta que el queso se derrita. Decorar con aceitunas y albahaca. Cortar en rebanadas y servir.

Información nutricional: Calorías 160, Grasa 6g, Carbs 0.5g, Proteína 22g

Pizza Griega

Ingredientes para 4 porciones

2 tzas queso halloumi, rallado	½ cdita orégano griego seco	6 aceitunas Kalamata, en rodajas
1 masa para pizza	1 tza queso feta, en trozos	
1 tza salsa marinara	½ cdita ajo en polvo	

Instrucciones y tiempo total: aproximadamente 25 minutos

Precalentar el horno a 400ºF. Expandir la salsa marinara sobre la masa para pizza. Espolvorear con orégano y ajo en polvo. Agregar el queso feta, aceitunas y queso halloumi. Hornear durante 10-16 minutos hasta que la corteza esté crujiente. Cortar en rebanadas y servir.

Información nutricional: Calorías 655, Grasa 45g, Carbs 38g, Proteína 25g

Pizza de Champiñones y Aceituna Negra

Ingredientes para 4 porciones

Para la masa

2 cda aceite de oliva	1 tza agua caliente	1 cdita levadura seca
2 tzas harina	1 pizca de azúcar	¾ cdita sal

Para los complementos

2 champiñones cremini medianos, en rebanadas

1 cdita aceite de oliva	1 hoja de laurel	½ tza queso Parmesano, rallado
1 diente de ajo, picado	1 cdita orégano seco	6 aceitunas negras, en rodajas
½ tza salsa de tomate	Sal y pimienta negra al gusto	
1 cdita azúcar	½ tza mozzarella, rallada	

Instrucciones y tiempo total: aproximadamente 20 minutos

Tamizar la harina y sal en un recipiente. Agregar la levadura. En otro recipiente, mezclar el agua, aceite y azúcar. Verter cuidadosamente en la harina; mezclar hasta obtener una masa suave. Colocar la masa en una superficie enharinada y amasar durante 4-5 minutos hasta que esté elástica. Colocar la masa en un recipiente engrasado. Cubrir con papel transparente y dejar fermentar durante 50-60 minutos a temperatura ambiente hasta doblar su tamaño. Aplanar la masa hasta obtener un círculo delgado de aproximadamente 12-inches.

Precalentar el horno a 400ºF. Colocar la masa en una bandeja para pizza. Calentar el aceite en una sartén a fuego medio. Saltear los champiñones durante 5 minutos. Agregar el ajo; cocinar por 30 segundos. Añadir la salsa de tomate, azúcar, laurel, orégano, albahaca, sal y pimienta; cocinar por 2 minutos. Expandir la salsa sobre la base. Agregar la mozzarella, Parmesano y aceitunas. Hornear durante 15 minutos hasta que los quesos se derritan. Servir caliente.

Información nutricional: Calorías 203, Grasa 9g, Carbs 2.6g, Proteína 24g

Pizza de Vegetales con Cebolla Caramelizada

Ingredientes para 4 porciones

Para la masa

2 cda aceite de oliva	1 tza agua caliente	1 cdita levadura seca
2 tzas harina	1 pizca de azúcar	¾ cdita sal

Para las cebollas caramelizadas

2 cdas aceite de oliva	1 cdita azúcar
1 cebolla, en rodajas	½ cdita sal

Para la pizza

¼ tza queso Pecorino-Romano, en láminas

2 cdas aceite de oliva	1 tza espinaca baby	½ pimiento rojo, en tiras
½ tza mozzarella, rallada	¼ tza albahaca fresca, picada	

Instrucciones y tiempo total: aproximadamente 90 minutos

Tamizar la harina y sal en un recipiente. Agregar la levadura. En otro recipiente, mezclar el agua, aceite y azúcar. Verter cuidadosamente en la harina; mezclar hasta obtener una masa suave. Colocar la masa en una superficie enharinada y amasar durante 4-5 minutos hasta que esté elástica. Colocar la masa en un recipiente engrasado. Cubrir con papel transparente y dejar fermentar durante 50-60 minutos a temperatura ambiente hasta doblar su tamaño. Aplanar la masa hasta obtener un círculo delgado de aproximadamente 12-inches.

Calentar el aceite en una sartén a fuego medio. Saltear las cebollas, sal y azúcar durante 3 minutos. Reducir la temperatura y caramelizar durante 20-35 minutos.

Precalentar el horno a 400ºF. Colocar la masa en una bandeja para pizza. Cubrir la base con aceite de oliva. Agregar las cebollas caramelizadas, pimiento y mozzarella. Hornear durante 10-15 minutos. Decorar con espinaca baby, albahaca y queso Pecorino. Servir inmediatamente.

Información nutricional: Calorías 399, Grasa 22.7g, Carbs 43g, Proteína 8g

Arancini de Cordero

Ingredientes para 4 porciones

3 cdas aceite de oliva	1 tza arroz	½ cdita pimienta gorda
1 lb molida de cordero	2 tzas caldo de verduras	2 huevos, batidos
½ cdita comino molido	¼ tza perejil, picado	1 tza pan molido
1 diente de ajo, picado	¼ tza chalotas, cortadas	Sal y pimienta negra al gusto

Instrucciones y tiempo total: aproximadamente 25 minutos

Colocar el arroz y caldo de verduras en una cacerola a fuego medio. Hervir durante 15 minutos. Retirar del fuego y dejar enfriar completamente. En un recipiente, mezclar el arroz frio, molida de cordero, comino, ajo, sal, pimienta, perejil, chalotas y pimienta gorda. Formar pelotas medianas con la mezcla.

Sumergir las pelotas en el huevo batido y luego en el pan molido. Calentar el aceite en una sartén a fuego medio. Freir las arancini durante 14 minutos por todos los lados hasta dorar. Transferirlas a un plato con papel de cocina para absorber el exceso de grasa. Servir caliente.

Información nutricional: Calorías 310, Grasa 10g, Carbs 23g, Proteína 7g

Patata Rellena a la Griega

Ingredientes para 4 porciones

2 cdas aceite de oliva virgen-extra	2 cebolletas, cortadas	1 cdita orégano griego
1 tza queso feta, en trozos	3 tomates deshidratados, cortados	2 cdas queso halloumi, rallado
1 lb patatas	6 aceitunas Kalamata, cortadas	Sal y pimienta negra al gusto
½ tza yogurt griego	½ cdita eneldo seco	

Instrucciones y tiempo total: aproximadamente 1 hora y 10 minutos

Precalentar el horno a 400ºF. Pinchar por todos lados las patatas con un tenedor. Envolverlas en papel aluminio y hornearlas durante 45-50 minutos hasta que estén suaves. Dejar enfriar.

Cortar las patatas horizontalmente por la mitad. Sacar un poco del relleno. Machacar el relleno con un tenedor. Agregar las cebolletas, tomates, aceitunas, eneldo, orégano, feta, yogurt, sal y pimienta. Rellenar las patatas con la mezcla. Espolvorear el queso halloumi. Colocar las patatas rellenas en una bandeja y gratinar durante 5 minutos hasta quedar doradas y crujientes.

Información nutricional: Calorías 294, Grasa 18g, Carbs 22g, Proteína 12g

Wraps de Alcachofa y Kale

Ingredientes para 4 porciones

3 cdas aceite de oliva
1 tza kale rizado, cortado
1 cda ajo en polvo
2 cdas perejil, picado

2 wraps flatbread
4 cdas queso Parmesano, rallado
½ tza mozzarella, rallada
14 oz alcachofas, en lata

12 tomates cherry, en mitades
Sal y pimienta negra al gusto

Instrucciones y tiempo total: aproximadamente 25 minutos

Precalentar el horno a 390ºF. Cubrir una bandeja para horno con papel de horno. Untar los wraps con un poco de aceite. Sazonar con ajo, sal y pimienta. Agregar la mitad del queso Parmesano y mozzarella.

En un recipiente, combinar las alcachofas, tomates, sal, pimienta y aceite restante. Dividir la mezcla entre los wraps y espolvorear con el Parmesano restante. Acomodar los wraps en la bandeja y hornear durante 15 minutos. Acompañar con kale y perejil. Servir inmediatamente.

Información nutricional: Calorías 230, Grasa 12g, Carbs 16g, Proteína 8g

Dip de Alubia y Alcachofa

Ingredientes para 4 porciones

2 cdas aceite de oliva
15 oz alubias, en lata
1 cebolla morada, cortada

6 oz corazones de alcachofa, en lata
4 dientes de ajo, picados
1 cda tomillo, picado

½ limón, en jugo y ralladura
Sal y pimienta negra al gusto

Instrucciones y tiempo total: aproximadamente 10 minutos

Calentar el aceite en una sartén a fuego medio. Saltear la cebolla y ajo por 4-5 minutos. Agregar las alcachofas; cocinar por 2-3 minutos más. Reservar y dejar enfriar ligeramente.

En un procesador de alimentos, triturar las alcachofas, alubias, tomillo, jugo de limón, ralladura, sal y pimienta hasta obtener una textura cremosa. Servir a temperatura ambiente.

Información nutricional: Calorías 280, Grasa 12g, Carbs 19g, Proteína 17g

Dip de Berenjena y Pimiento Asado

Ingredientes para 4 porciones

¼ tza aceite de oliva
1 tza mayonesa light

2 berenjenas, en rodajas
4 dientes de ajo, picados

1 cda cebollín, picado
Sal y Pimienata negra al gusto

Instrucciones y tiempo total: aproximadamente 55 minutos

Precalentar el horno a 360ºF. Colocar los pimientos y berenjenas en una bandeja. Sazonar con sal, pimienta y ajo. Bañar con aceite y hornear durante 45 minutos. Transferir los vegetales a un procesador de alimentos; triturar hasta obtener una textura cremosa. Añadiendo poco a poco el aceite restante. Transferir a un recipiente. Agregar la mayonesa; mezclar bien. Decorar con cebollín y servir.

Información nutricional: Calorías 220, Grasa 14g, Carbs 25g, Proteína 4g

Jalapeños Rellenos de Hummus

Ingredientes para 6 porciones

3 cdas aceite de oliva
½ lb garbanzos, en remojo
1 lb chiles jalapeño, en mitades
1 chalota

2 cdas tahini
1 cda jugo de limón
½ cdita chile seco
1 cdita comino

1 cdita harissa en polvo
1 diente de ajo, picado
1 cda pimentón
Sal al gusto

Instrucciones y tiempo total: aproximadamente 60 minutos + tiempo de reposo

Precalentar el horno a 400ºF. Colocar los garbanzos en una cacerola con suficiente agua a fuego medio; hervir. Reducir la temperatura y cocinar durante 45-50 minutos. Reservar 1 tza del líquido. Escurrir. Reservar 1 cda garbanzos.

Tostar los chiles jalapeño en el horno durante 10 minutos; reservar. En un procesador de alimentos, triturar los garbanzos con la mitad del líquido reservado hasta obtener una textura homogénea. Añadir el líquido restante, jugo de limón, aceite, chile seco, comino, harissa, ajo, tahini, chalota y sal; triturar hasta obtener una textura cremosa. Rellenar los jalapeños con la mezcla. Decorar con garbanzos enteros y pimentón. Servir inmediatamente.

Información nutricional: Calorías 250, Grasa 12.7g, Carbs 28g, Proteína 9g

Hummus Picante

Ingredientes para 6 porciones

2 cdas aceite de oliva
½ cdita pimentón picante
1 cdita salsa picante
1 cdita comino molido

3 dientes de ajo, picados
1 (14-oz) lata garbanzos
2 cdas tahini
2 cdas perejil fresco, picado

1 limón, en jugo y ralladura
Sal al gusto

Instrucciones y tiempo total: aproximadamente 10 minutos

Triturar los garbanzos, tahini, ajo, aceite, jugo de limón, ralladura de limón, sal, comino y salsa picante en un procesador de alimentos. Decorar con perejil y pimentón. Servir.

Información nutricional: Calorías 236, Grasa 8.6g, Carbs 31g, Proteína 10g

Sandwich Siciliano

Ingredientes para 6 porciones

1 focaccia
2 cdas alcaparras, escurridas

2 cdas tapenade de aceituna negra
½ lb queso fontina, en rebanadas

¼ lb pavo ahumado, en rebandas
¼ lb salami, en rebanadas delgadas

Instrucciones y tiempo total: aproximadamente 10 minutos

Cortar la focaccia por la mitad horizontalmente. Untar cada mitad con el tapenade. Agregar la mitad del queso fontina, una capa de alcaparras, pavo ahumado, tapenade, salami, alcaparras y finalmente el queso fontina restante. Colocar la otra mitad del pan por encima para formar un sandwich. Presionar ligeramente y cortar en pedazos. Servir.

Información nutricional: Calorías 335, Grasa 27g, Carbs 4g, Proteína 18g

Crujientes Patatas Fritas

Ingredientes para 4 porciones

2 cdas aceite de oliva
4 patatas, en gajos

2 cdas queso Parmesano
Sal y pimienta negra al gusto

Instrucciones y tiempo total: aproximadamente 40 minutos

Precalentar el horno a 340ºF. En un recipiente, combinar las patatas, aceite, sal y pimienta. Colocarlas en una bandeja de horno; hornear durante 40 minutos hasta dorar. Decorar con Parmesano y servir.

Información nutricional: Calorías 359, Grasa 8g, Carbs 66g, Proteína 9g

Pepinos con Salsa de Eneldo

Ingredientes para 4 porciones

3 pepinos, en julianas, sin semillas
¼ tza aceite de oliva
¼ cdita sal

1 diente de ajo, picado
2 cdas eneldo, picado
¼ tza queso Parmesano, rallado

¼ tza almendras, picadas
½ cdita pimentón

Instrucciones y tiempo total: aproximadamente 10 minutos

Sazonar los pepinos; colocarlos en un plato. En un procesador de alimentos, triturar las almendras, eneldo, ajo, Parmesano y aceite hasta obtener una mezcla cremosa. Transferir la mezcla sobre los pepinos. Decorar con pimentón y servir.

Información nutricional: Calorías 182, Grasa 16g, Carbs 10g, Proteína 4g

Almendras Asadas con Miel

Ingredientes para 4 porciones

2 cdas aceite de oliva
3 tzas almendras

1 cda curry en polvo
¼ tza miel

1 cdita sal

Instrucciones y tiempo total: aproximadamente 15 minutos

Precalentar el horno a 360ºF. En un recipiente, cubrir las almendras con aceite, curry y sal. Colocarlas en una bandeja con papel aluminio y hornear durante 15 minutos. Dejar enfriar durante 10 minutos. Bañarlas con miel. Dejarlas enfriar a temperatura ambiente. Servir.

Información nutricional: Calorías 134, Grasa 8g, Carbs 18g, Proteína 1g

Cocktail de Frutas Cítrico

Ingredientes para 4 porciones

2 tzas sandía, en pelotas
2 tzas melón cantalope, en pelotas

½ tza jugo de naranja
¼ tza jugo de limón

1 cda ralladura de naranja

Instrucciones y tiempo total: aproximadamente 5 minutos + tiempo de reposo

Combinar la sandía y melón en un recipiente. En otro recipiente, mezclar el jugo de limón, jugo de naranja y ralladura de naranja. Verterlo sobre las frutas; mezclar. Dejar reposar en la nevera cubierto durante 5 horas. Servir.

Información nutricional: Calorías 71, Grasa 0g, Carbs 18g, Proteína 1.5g

Alcachofas con Aioli

Ingredientes para 4 porciones

1 cda aceite de oliva
1 cebolla morada, cortada
2 dientes de ajo, picados

10 oz corazones de alcachofa, en lata
1 cdita jugo de limón
1 tza mayonesa light

2 cdas tomillo, picado
Sal y pimienta negra al gusto

Instrucciones y tiempo total: aproximadamente 25 minutos

Calentar el aceite en una sartén a fuego medio. Saltear la cebolla por 3 minutos. Agregar las alcachofas, sal y pimienta; cocinar por 4-5 minutos más; reservar. En un recipiente, mezclar la mayonesa, jugo de limón y ajo. Decorar las alcachofas con tomillo y acompañar con aioli para servir.

Información nutricional: Calorías 120, Grasa 8g, Carbs 7g, Proteína 3g

Original Sandwich Italiano

Ingredientes para 4 porciones

½ lb jamón cocido de pavo deli, en rebanadas
½ jamón cocido deli, en rebanadas
1 pan Italiano, sin cortar

1/3 tza mostza dulce
½ lb queso mozzarella, en rebanadas

Instrucciones y tiempo total: aproximadamente 35 minutos

Precalentar el horno a 400ºF. Cortar el pan por la mitad horizontalmente. Untar la mostaza dulce en la mitad de un pan. Agregar el jamón, pavo y mozzarella. Colocar la otra mitad del pan por encima para formar un sandwich. Envolver el sandwich en papel aluminio. Hornearlo durante 5 minutos hasta quedar crujiente. Cortar en trozos y servir.

Información nutricional: Calorías 704, Grasa 17g, Carbs 85g, Proteína 50g

Aceitunas y Alcaparras al Limón

Ingredientes para 4 porciones

¼ tza aceite de oliva virgen-extra
1½ tzas aceitunas verdes
½ tza alcaparras

½ cebolla morada, en rodajas
3 dientes de ajo, picados
¼ tza vinagre de vino tinto

1 cda orégano fresco, cortado
1 limón, en ralladura
½ cdita sal marina

Instrucciones y tiempo total: aproximadamente 5 minutos + tiempo de reposo

En un recipiente, mezclar el aceite, vinagre, ajo, orégano, ralladura de limón y sal. En otro recipiente, combinar las cebollas, aceitunas y alcaparras. Añadir el marinado; mezclar bien. Servir a temperatura ambiente.

Información nutricional: Calorías 261, Grasa 27.2g, Carbs 7g, Proteína 1.5g

Café Helado con Baileys

Ingredientes para 4 porciones

1 tza espresso
2 tzas leche

4 cdas Baileys
½ cdita canela molida

½ cdita extracto de vainilla
Cubos de Hielo

Instrucciones y tiempo total: aproximadamente 5 minutos + tiempo de reposo

Llenar 4 vasos con cubos de hielo. En un procesador de alimentos, batir la leche, canela y vainilla hasta quedar espumosa. Dividir entre los vasos. En un batidor, mezclar el Baileys con espresso. Verter ¼ de la mezcla sobre la leche. Servir.

Información nutricional: Calorías 100, Grasa 5g, Carbs 8g, Proteína 4g

Dip de Lenteja y Ajo Asado

Ingredientes para 6 porciones

1 pimiento rojo asado, cortado
4 cdas aceite de oliva
1 tza lentejas
½ cebolla morada

1 ajo entero, rábano cortado
½ cdita semillas de comino
1 cdita semillas de cilantro
¼ tza nueces

2 cdas tomate en pasta
½ cdita pimienta de cayena en polvo
Sal y Pimenta negra al gusto

Instrucciones y tiempo total: aproximadamente 40 minutos

Precalentar el horno a 370ºF. Bañar el ajo con aceite. Envolverlo con papel aluminio y rostizar durante 35-40 minutos. Dejar enfriar durante unos minutos.

En una cacerola a fuego medio, hervir las lentejas con suficiente agua. Cocinar durante 15 minutos. Escurrir y reservar.

Colocar los dientes de ajo en un procesador de alimentos. Agregar las lentejas, comino, cilantro, pimientos asados, cebolla, nueces, tomate en pasta, cayena, aceite restante, sal y pimienta; triturar hasta obtener una mezcla cremosa. Acompañar con crostini.

Información nutricional: Calorías 234, Grasa 13g, Carbs 21.7g, Proteína 9g

Popcorns a la Italiana

Ingredientes para 6 porciones

2 cdas mantequilla, derretida
1 cda aceite de trufa

8 tzas palomitas de maíz
2 cdas azúcar moreno

2 cdas sazonador italiano
¼ cdita sal marina

Instrucciones y tiempo total: aproximadamente 20 minutos

Precalentar el horno a 350ºF. En un recipiente, mezclar la mantequilla, sazonador italiano, azúcar y sal. Verter sobre las palomitas; mezclar bien. Transferir a una bandeja para horno y hornear durante 15 minutos, removiendo frecuentemente. Bañar con aceite de trufa para servir.

Información nutricional: Calorías 80, Grasa 5g, Carbs 8.4g, Proteína 1.1g

Dip de Judías al Estilo Griego

Ingredientes para 6 porciones

¼ tza aceite de oliva virgen-extra
1 limón, en jugo y ralladura
1 (14-oz) lata judías blancas

2 dientes de ajo, picados
¼ cdita comino molido
2 cdas orégano griego, picado

1 cdita mostza de grano
Sal al gusto

Instrucciones y tiempo total: aproximadamente 5 minutos

Triturar todos los ingredientes en un procesador de alimentos, excepto el orégano, hasta obtener una textura cremosa. Decorar con orégano para servir.

Información nutricional: Calorías 222, Grasa 7g, Carbs 30.4g, Proteína 12g

Básico Canapé de Pepino

Ingredientes para 4 porciones

2 cdas aceite de oliva
2 pepinos, en rodajas
12 tomates cherry, en mitades

1 chile rojo, seco
8 oz queso crema, suave
1 cda vinagre balsámico

1 cdita cebollín, picado
Sal y pimienta negra al gusto

Instrucciones y tiempo total: aproximadamente 5 minutos

En un recipiente, mezclar el queso crema, vinagre, aceite, chile, cebollín, sal y pimienta. Dividir la mezcla entre los pepinos. Agregar tomates cherry. Servir inmediatamente.

Información nutricional: Calorías 130, Grasa 3g, Carbs 7g, Proteína 3g

Dip de Yogurt y Za`atar con Pitta

Ingredientes para 6 porciones

1/3 tza aceite de oliva
2 tzas yogurt griego
2 cdas pistachos tostados, molidos

2 cdas menta, picada
3 aceitunas Kalamata, cortadas
¼ tza sazonador za`atar

3 pan pitta, en tríangulos
Sal y pimienta negra al gusto

Instrucciones y tiempo total: aproximadamente 10 minutos

En un recipiente, mezclar el yogurt, pistachos, sal, pimienta, menta, aceitunas, za`atar y aceite. Tostar el pan pitta durante 5-6 minutos. Acompañar con el dip de yogurt.

Información nutricional: Calorías 300, Grasa 19g, Carbs 22g, Proteína 11g

Tapenade de Anchoas

Ingredientes para 4 porciones

1 tza pimientos rojos asados, cortados	2 cdas perejil, picado	1 cda jugo de limón
3 cdas aceite de oliva	14 oz alcachofas, en lata	2 dientes de ajo, picados
2 filetes de anchoa, cortados	¼ tza alcaparras, drenadas	

Instrucciones y tiempo total: aproximadamente 10 minutos

Triturar los pimientos asados, anchoas, perejil, alcachofas, aceite, alcaparras, jugo de limón y ajo en un procesador de alimentos hasta obtener una pasta. Servir a temperatura ambiente.

Información nutricional: Calorías 210, Grasa 6g, Carbs 13g, Proteína 5g

Espárragos Asados

Ingredientes para 4 porciones

2 cdas aceite de oliva	4 cdas Grana Padano, rallado	2 cdas perejil, picado
1 lb espárragos, recortados	½ cdita ajo en polvo	Sal al gusto

Instrucciones y tiempo total: aproximadamente 25 minutos

Precalentar el horno en grill en high. Sazonar los espárragos con sal y ajo. Bañarlos con aceite. Colocarlos en una bandeja y hornear durante 10 minutos hasta quedar suaves y ligeramente quemados, girándolos una vez. Decorar con queso y perejil para servir.

Información nutricional: Calorías 105, Grasa 8g, Carbs 4.7g, Proteína 4.3g

Bowl Picante de Garbanzos y Feta

Ingredientes para 4 porciones

2 tzas garbanzos, en lata	2 chiles verde, picados	¼ cdita chile seco
2 tomates, en cubos	1 pimiento rojo, en tiras	Sal y Pimienta negra al gusto
1 pepino, en rodajas delgadas	2 cdas perejil fresco, picado	Hojas de menta fresca, cortadas
1 cdita ajo, picado	1 tza queso feta, en trozos	
1 cebolla morada, cortada	1 cdita harissa	

Instrucciones y tiempo total: aproximadamente 10 minutos

Combinar los garbanzos, pepino, ajo, cebolla, chile, tomates, pimiento, perejil, jugo de limón, chile seco, harissa, sal y pimienta en un recipiente. Decorar con queso feta y hojas de menta. Servir inmediatamente.

Información nutricional: Calorías 330, Grasa 11g, Carbs 43g, Proteína 17g

Salteado de Gambas y Calamares

Ingredientes para 4 porciones

2 cdas mantequilla	1 cdita romero seco	1 cda perejil, picado
½ lb aros de calamar	1 cebolla morada, cortada	Sal y pimienta negra al gusto
1 lb gambas, peladas	1 tza caldo de verduras	
2 dientes de ajo, picados	1 limón, en jugo	

Instrucciones y tiempo total: aproximadamente 25 minutos

Derretir la mantequilla en una sartén a fuego medio. Saltear la cebolla y ajo por 4 minutos. Agregar las gambas, sal, pimienta, calamares, romero, caldo y jugo de limón; hervir. Cocinar durante 8 minutos. Decorar con perejil para servir.

Información nutricional: Calorías 300, Grasa 14g, Carbs 23g, Proteína 7g

FISH & SEAFOOD

Salmón Empapelado

Ingredientes para 4 porciones

2 cdas aceite de oliva
½ tza jugo de manzana

4 filetes de salmón
4 cditas ralladura de limón

4 cdas perejil, picado
Sal y pimienta negra al gusto

Instrucciones y tiempo total: aproximadamente 25 minutos

Precalentar el horno a 380°F. Rociar el salmón con aceite y salpimentar. Cortar 4 pedazos de papel encerado. Colocar un filete en cada pedazo. Rociarlos con jugo de manzana, ralladura y perejil. Envolver los filetes para formar pequeños paquetes.

Colocarlos en una bandeja y hornear durante 15 minutos hasta que el salmón esté hecho. Descartar el papel y bañarlos con el líquido de cocción para servir.

Información nutricional: Calorías 495, Grasa 21g, Carbs 5g, Proteína 55g

Salmón en Salsa de Tomate con Gambas

Ingredientes para 4 porciones

1 lb gambas, peladas
2 cdas aceite de oliva
1 lb filetes de salmón
1 tza tomates, cortados

1 cebolla, cortada
2 dientes de ajo, picados
¼ cdita chile seco
1 tza caldo de pescado

1 cda cilantro, picado
Sal y pimienta negra al gusto

Instrucciones y tiempo total: aproximadamente 30 minutos

Precalentar el horno a 360°F. Cubrir una bandeja de horno con papel encerado. Salpimentar el salmón y rociarlo con aceite. Colocarlo en la bandeja y hornear durante 15 minutos. Reservar.

Calentar el aceite restante en una sartén a fuego medio. Saltear la cebolla y ajo durante 3 minutos. Agregar los tomates, caldo, sal, pimienta y chile seco; hervir. Cocinar durante 10 minutos. Incorporar las gambas; cocinar durante 8 minutos. Bañar el salmón con la salsa y decorar con cilantro para servir.

Información nutricional: Calorías 240, Grasa 16g, Carbs 22g, Proteína 18g

Salmón con Corteza de Nueces

Ingredientes para 4 porciones

2 cdas aceite de oliva
4 filetes de salmón, sin espinas
2 cdas mostza

5 cditas miel
1 tza nueces, picadas
1 cda jugo de limón

2 cdita perejil, picado
Sal y pimienta negra al gusto

Instrucciones y tiempo total: aproximadamente 25 minutos

Precalentar el horno a 380°F. Cubrir una bandeja de horno con papel encerado. En un recipiente, mezclar el aceite, mostaza y miel. En otro recipiente, combinar las nueces y perejil. Salpimentar el salmón y colocarlo en la bandeja. Cubrir cada filete con la mezcla de mostaza y espolvorear con nueces. Hornear durante 15 minutos. Añadir el jugo de limón para servir.

Información nutricional: Calorías 300, Grasa 16g, Carbs 22g, Proteína 17g

Salmón a la Española

Ingredientes para 4 porciones

15 aceitunas verdes rellenas de pimiento
2 cebollas moradas pequeñas, en rodajas
1 tza hinojo, en láminas
1 tza tomates cherry

1 cdita semillas de comino
½ cdita pimentón ahumado
4 filetes de salmón
½ tza caldo de pollo

3 cdas aceite de oliva
2 tzas farro, cocido
Sal y pimienta negra al gusto

Instrucciones y tiempo total: aproximadamente 30 minutos

Precalentar el horno a 375°F. En un recipiente, combinar las cebollas, hinojo, tomates y aceitunas. Agregar la sal, pimienta, comino y pimentón; mezclar bien. Colocar la mezcla en una bandeja para horno. Agregar los filetes. Sazonar con sal y verter el caldo y aceite. Hornear durante 20 minutos. Acompañar con farro para servir.

Información nutricional: Calorías 475, Grasa 18g, Carbs 26g, Proteína 50g

Salmón en Salsa de Tomate Aromática

Ingredientes para 4 porciones

2 cdas aceite de oliva
4 filetes de salmón, sin espinas

1 cdita tomillo, picado
1 lb tomates cherry, en mitades

Sal y pimienta negra al gusto

Instrucciones y tiempo total: aproximadamente 25 minutos

Calentar el aceite en una sartén a fuego medio. Sellar el salmón durante 6 minutos en ambos lados. Reservar. Agregar los tomates; cocinar por 3-4 minutos. Incorporar el tomillo, sal y pimienta. Bañar el salmón con la salsa para servir.

Información nutricional: Calorías 300, Grasa 18g, Carbs 27g, Proteína 26g

Salmón Horneado con Espárragos

Ingredientes para 4 porciones

2 cdas aceite de oliva
4 filetes de salmón, sin piel

2 cdas vinagre balsámico
1 lb espárragos, recortados

Sal y pimienta negra al gusto

Instrucciones y tiempo total: aproximadamente 20 minutos

Precalentar el horno a 380ºF. Colocar el salmón y espárragos en una bandeja para horno. Salpimentar y rociarlos con aceite y vinagre. Hornear durante 12-15 minutos. Servir de inmediato.

Información nutricional: Calorías 310, Grasa 16g, Carbs 19g, Proteína 21g

Salmón con Escarola y Aceitunas

Ingredientes para 4 porciones

3 cdas aceite de oliva
1 escarola, cortada
4 filetes de salmón, sin espinas
1 lima, en jugo

¼ tza caldo de pescado
¼ tza aceitunas verdes, sin hueso, cortadas
¼ tza cebollín fresco, picado

Sal y pimienta negra al gusto

Instrucciones y tiempo total: aproximadamente 25 minutos

Calentar la mitad del aceite en una sartén a fuego medio. Saltear la escarola, jugo de lima, sal, pimienta, caldo y aceitunas por 6 minutos. Dividir en porciones individuales. Calentar el aceite restante. Salpimentar el salmón y sellarlo durante 8 minutos en ambos lados. Decorar con cebollín y acompañar con la escarola.

Información nutricional: Calorías 280, Grasa 15g, Carbs 25g, Proteína 19g

Salmón con Pimientos

Ingredientes para 4 porciones

2 cdas aceite de oliva
4 filetes de salmón, sin espinas
1 hinojo, en rodajas

½ cdita chile en polvo
1 cebolla dulce, en cubos
1 pimiento rojo, cortado

1 pimiento verde, cortado
Sal y pimienta negra al gusto

Instrucciones y tiempo total: aproximadamente 30 minutos

Calentar el aceite en una sartén a fuego medio. Sazonar el salmón con chile, sal y pimienta. Sellarlo por 6-8 minutos en ambos lados. Reservar. Saltear el hinojo y pimientos durante 10 minutos hasta suavizar. Agregar la mezcla sobre los filetes y servir.

Información nutricional: Calorías 580, Grasa 19g, Carbs 73g, Proteína 35g

Salmón a la Plancha con Ejotes

Ingredientes para 4 porciones

2 cdas aceite de oliva
3 cdas vinagre balsámico
1 diente de ajo, picado

½ cdita chile seco
1½ ejotes, cortados
1 cebolla morada, en rodajas

4 filetes de salmón, sin espinas
Sal y pimienta negra al gusto

Instrucciones y tiempo total: aproximadamente 25 minutos

Calentar la mitad del aceite en una sartén a fuego medio. Saltear la cebolla, ajo, vinagre, chile seco, ejotes, sal y pimienta por 6 minutos. Dividir en porciones individuales. Calentar el aceite restante. Salpimentar los filetes. Sellar durante 8 minutos en ambos lados. Servir con los ejotes.

Información nutricional: Calorías 230, Grasa 16g, Carbs 23g, Proteína 17g

Crostini de Salmón Ahumado con Queso

Ingredientes para 4 porciones

4 oz salmón ahumado, en lonchas
2 oz queso feta, en trozos
4 oz queso crema, suave

2 cdas salsa de rábano
2 cdita ralladura de naranja
1 cebolla morada, cortada

2 cdas cebollín, picado
1 baguette, en rebanadas, tostadas

Instrucciones y tiempo total: aproximadamente 10 minutos + tiempo de reposo

En un recipiente, mezclar el queso crema, salsa de rábano, cebolla, feta y ralladura hasta obtener una mezcla cremosa. Untar la mezcla en las rebanadas de pan. Agregar el salmón y cebollín. Servir inmediatamente.

Información nutricional: Calorías 290, Grasa 19g, Carbs 5g, Proteína 26g

Rollitos de Berenjena con Salmón Ahumado

Ingredientes para 4 porciones

2 berenjenas, cortadas horizontalmente
en rebanadas
2 cdas aceite de oliva

1 tza queso ricotta, suave
4 oz salmón ahumado, cortado
2 cditas ralladura de limón

1 cebolla morada pequeña, en rodajas
Sal y pimienta negra al gusto

Instrucciones y tiempo total: aproximadamente 20 minutos

Precalentar el horno en grill. En un recipiente, mezclar el salmón, ralladura, cebolla, sal y pimienta. Cubrir la berenjena con aceite. Asarla durante 3-4 minutos por lado. Dejar enfriar ligeramente. Dividir la mezcla entre las rebanadas y enrollarlas, asegurando el final con un palillo. Servir de inmediato.

Información nutricional: Calorías 310, Grasa 25g, Carbs 16g, Proteína 12g

Delicioso Salmón a la Naranja

Ingredientes para 4 porciones

2 cdas mantequilla, derretida
4 filetes de salmón

1 naranja, en jugo y ralladura
4 cdas eneldo fresco, picado

Sal y pimienta negra al gusto

Instrucciones y tiempo total: aproximadamente 25 minutos

Precalentar el horno a 375°F. Cubrir ambos lados del salmón con mantequilla y salpimentar. Colocarlos en 4 pedazos de papel encerado. Añadir el jugo de naranja, ralladura y eneldo en cada filete. Envolverlos para formar paquetes y colocarlos en una bandeja. Hornearlos durante 15-20 minutos hasta que estén hechos. Servir caliente.

Información nutricional: Calorías 481, Grasa 21g, Carbs 4.2g, Proteína 65g

Crujientes Hamburguesas de Salmón con Tzatziki

Ingredientes para 2 porciones

1 tza salsa tzatziki

2 cditas aceite de oliva

Para las hamburguesas de salmón

6 oz salmón cocido, deshecho
¼ tza apio, picado
¼ tza cebolla, picada

¼ cdita chile en polvo
½ cdita eneldo seco
1 cda perejil fresco, picado

1 huevo, batido
½ tza pan molido
Sal y pimienta negra al gusto

Instrucciones y tiempo total: aproximadamente 30 minutos

En un recipiente, mezclar todos los ingredientes de la hamburguesa. Formar pelotas con la mezcla y formar hamburguesas. Calentar el aceite en una sartén a fuego medio. Freir las hamburguesas durante 6 minutos en ambos lados hasta quedar doradas. Acompañar con la salsa tzatziki para servir.

Información nutricional: Calorías 555, Grasa 41g, Carbs 18g, Proteína 31g

Filetes de Trucha en Salsa de Rábano

Ingredientes para 4 porciones

½ tza aceitunas verdes, sin hueso, cortadas
3 cdas aceite de oliva
2 cdas salsa de rábano
1 cebolla, en rodajas

2 cditas sazonador italiano
4 filetes de trucha, sin espinas
¼ tza pan molido panko

1 limón, en jugo
Sal y pimienta negra al gusto

Precalentar el horno a 380ºF. Cubrir una bandeja para horno con papel encerado. Salpimentar los filetes y cubrirlos de pan molido. Colocar los filetes y las cebollas en la bandeja. Añadir aceite, jugo de limón y sazonador. Hornear durante 15-18 minutos. Decorar con salsa de rábano y aceitunas para servir.

Información nutricional: Calorías 310, Grasa 10g, Carbs 25g, Proteína 16g

Pimientos Rellenos de Salmón Cremoso

Ingredientes para 4 porciones

4 pimientos morrón
10 oz salmón, en lata, escurrido
12 aceitunas negras, cortadas

1 cebolla morada, finamente picada
½ cdita ajo, picado
1/3 tza mayonesa

1 tza queso crema
1 cdita sazonador mediterráneo
Sal y chile seco al gusto

Instrucciones y tiempo total: aproximadamente 25 minutos

Precalentar el horno a 390ºF. Cortar los pimientos por la mitad y descartar las semillas. En un recipiente, mezclar el salmón, cebolla, ajo, mayonesa, aceitunas, sal, chile, sazonador mediterráneo y queso crema. Rellenar los pimientos con la mezcla. Colocarlos en una bandeja y hornear durante 10-12 minutos hasta estar hechos. Servir caliente.

Información nutricional: Calorías 272, Grasa 14g, Carbs 5g, Proteína 29g

Merluza Frita al Tomillo

Ingredientes para 4 porciones

4 filetes de merluza, sin piel
3 tzas aceite de oliva

1 limón, en jugo y ralladura
3 ramas tomillo fresco

Sal y pimienta negra al gusto

Instrucciones y tiempo total: aproximadamente 20 minutos

Calentar el aceite en una sartén a fuego bajo. Acritronar el tomillo. Colocar cuidadosamente los filetes; cocinar durante 6 minutos hasta que el pescado esté hecho. Transferirlos a un plato con papel de cocina. Sazonar con sal, ralladura y pimienta. Añadir jugo de limón para servir.

Información nutricional: Calorías 292, Grasa 34g, Carbs 1g, Proteína 18g

Merluza a la Romana

Ingredientes para 2 porciones

2 filetes de merluza, en 4 pedazos
¼ cdita pimentón
¼ cdita cebolla en polvo
3 cdas aceite de oliva
4 cebolletas medianas
2 cdas albahaca fresca, picada

3 cdas ajo, picado
¼ cdita mejorana seca
6 tomates deshidratados, en rebanadas
½ tza vino blanco seco
½ tza queso ricotta, en trozos
1 (15-oz) lata corazones de alcachofa

1 limón, en rodajas
1 tza aceitunas negras, sin hueso
1 cdita alcaparras
Sal y pimienta negra al gusto

Instrucciones y tiempo total: aproximadamente 40 minutos

Precalentar el horno a 375ºF. Calentar el aceite en una sartén a fuego medio. Sazonar la merluza con pimentón y cebolla en polvo. Sellar durante 1 minuto por lado. Reservar. Saltear las cebolletas, albahaca, ajo, sal, pimienta, mejorana, tomates y vino; hervir. Retirar del fuego. Colocar el pescado y espolvorear con queso ricotta. Acomodar las alcachofas en la sartén. Agregar las rodajas de limón, aceitunas y alcaparras. Colocar la sartén en el horno y cocinar durante 15-20 minutos hasta que la merluza esté hecha y se deshaga facilmente. Servir caliente.

Información nutricional: Calorías 1172, Grasa 59g, Carbs 94g, Proteína 64g

Lubina al Ajo

Ingredientes para 2 porciones

2 cdas aceite de oliva
2 filetes de lubina

1 limón, en jugo
4 dientes de ajo, picados

Sal y pimienta negra al gusto

Instrucciones y tiempo total: aproximadamente 25 minutos

Precalentar el horno a 380ºF. Cubrir una bandeja con papel encerado. Cubrir los filetes con jugo de limón, aceite, ajo, sal y pimienta. Colocarlos en la bandeja y hornear durante 15 minutos. Acompañar con ensalada para servir.

Información nutricional: Calorías 530, Grasa 30g, Carbs 15g, Proteína 54g

Merluza con Mozzarella y Tomates

Ingredientes para 4 porciones

2 cdas aceite de oliva
4 filetes de merluza, sin espina
12 tomates cherry, en mitades

1 chile rojo, picado
1 cda cilantro, picado
2 cdas vinagre balsámico

1 oz mozzarella fresca, cortada
Sal y pimienta negra al gusto

Instrucciones y tiempo total: aproximadamente 35 minutos

Precalentar el horno a 380ºF. Rociar los filetes con un poco de aceite y salpimentar. Colocarlos en una bandeja, agregar el mozzarella y hornear durante 15 minutos hasta quedar crujiente.

Calentar el aceite restante en una sartén a fuego medio. Pochar los tomates durante 5 minutos. Incorporar el chile, cilantro y vinagre; cocinar durante 1-2 minutos. Acompañar los filetes con los tomates.

Información nutricional: Calorías 270, Grasa 11g, Carbs 25g, Proteína 21g

Merluza al Horno con Patatas

Ingredientes para 4 porciones

1 cda aceite de oliva
2 filetes de merluza
1 cda albahaca, picada

2 patatas, sin piel, en rodajas
2 cdita cúrcuma en polvo
1 diente de ajo, picado

Sal y pimienta negra al gusto

Instrucciones y tiempo total: aproximadamente 35 minutos

Precalentar el horno a 360ºF. Colocar las patatas en una bandeja de horno engrasada. Salpimentar. Hornearlas durante 10 minutos. Acomodar los filetes. Salpimentar y rociar con un poco de aceite. Hornear durante 10-12 minutos hasta que el pescado esté hecho.

Calentar el aceite restante. Saltear el ajo por 1 minuto. Incorporar la albahaca, sal, pimienta, cúrcuma y 3-4 cdas de agua; cocinar por 2-3 minutos. Bañar los filetes con la salsa para servir.

Información nutricional: Calorías 300, Grasa 15g, Carbs 28g, Proteína 33g

Merluza en Salsa Picante

Ingredientes para 4 porciones

2 cdas aceite de oliva
1 cdita jugo de lima
1 cdita pimentón dulce
1 cdita chile en polvo

1 cebolla, cortada
2 dientes de ajo, picados
4 filetes de merluza, sin espina
1 cdita cilantro molido

½ tza caldo de pescado
½ lb tomates cherry, en cubos
Sal y pimienta negra al gusto

Instrucciones y tiempo total: aproximadamente 35 minutos

Calentar el aceite en una sartén a fuego medio. Sazonar la merluza con sal, pimienta y chile seco; sellar durante 8 minutos por todos los lados. Reservar. Sofreír la cebolla y ajo en la misma sartén por 3 minutos. Añadir el jugo de lima, pimentón, cilantro, caldo y tomates; hervir. Cocinar durante 10 minutos. Agregar la merluza para servir.

Información nutricional: Calorías 240, Grasa 17g, Carbs 26g, Proteína 17g

Merluza en Salsa de Champiñones

Ingredientes para 4 porciones

2 tzas champiñones cremini, en rebanadas

¼ tza aceite de oliva
4 filetes de merluza
½ tza chalotas, cortadas
2 dientes de ajo, picados

2 tzas tomates, en lata, en cubos
½ tza jugo de almeja
¼ cdita chile seco
¼ cdita pimentón dulce

1 cda alcaparras
¼ tza pasas, en remojo
1 limón, en gajos
Sal al gusto

Instrucciones y tiempo total: aproximadamente 45 minutos

Calentar el aceite en una sartén a fuego medio. Saltear las chalotas y ajo por 2-3 minutos. Agregar los champiñones; cocinar por 4 minutos. Incorporar los tomates, jugo de almeja, chile seco, pimentón, alcaparras y sal; hervir. Cocinar durante 15 minutos.

Precalentar el horno a 380ºF. Colocar los filetes en un molde engrasado. Agregar la mezcla de champiñones y las pasas. Hornear durante 18-20 minutos. Acompañar con trozos de limón para servir.

Información nutricional: Calorías 317, Grasa 13g, Carbs 26g, Proteína 25g

Brochetas de Merluza

Ingredientes para 4 porciones

1 lb filetes de merluza, en trozos
2 pimientos dulces, en trozos
2 cdas aceite de oliva

2 naranjas, en jugo
1 cda mostza Dijon
1 cdita eneldo seco

1 cdita perejil seco
Sal y pimienta negra al gusto

Instrucciones y tiempo total: aproximadamente 30 minutos

En un recipiente, mezclar el aceite, jugo de naranja, eneldo, perejil, mostaza, sal y pimienta. Incorporar la merluza. Dejar reposar durante 10 minutos. Calentar el horno en grill en temperatura media. Insertar la merluza y los pimientos en pinchos. Asarlos durante 7-8 minutos hasta que el pescado esté hecho, girandolos regularmente. Servir caliente.

Información nutricional: Calorías 244, Grasa 8g, Carbs 15.5g, Proteína 27g

Tilapia al Tomate

Ingredientes para 4 porciones

2 cdas aceite de oliva
4 filetes de tilapia, sin espinas

½ tza salsa de tomate
2 cdas perejil, picado

Sal y pimienta negra al gusto

Instrucciones y tiempo total: aproximadamente 20 minutos

Calentar el aceite en una sartén a fuego medio. Salpimentar la tilapia y sellar durante 6 minutos en ambos lados. Añadir la salsa de tomate y perejil; cocinar durante 4 minutos más. Servir de inmediato.

Información nutricional: Calorías 308, Grasa 17g, Carbs 3g, Proteína 16g

Pilaf de Tilapia

Ingredientes para 2 porciones

3 cdas aceite de oliva
2 filetes de tilapia, sin espinas
½ cdita sazonador italiano

½ tza arroz integral
½ tza pimiento verde, en cubos
½ tza cebolla blanca, cortada

½ cdita ajo en polvo
Sal y pimienta negra al gusto

Instrucciones y tiempo total: aproximadamente 45 minutos

Calentar 1 cda de aceite en una cacerola a fuego medio. Saltear la cebolla, pimiento, ajo en polvo, sazonador italiano, sal y pimienta durante 3 minutos. Agregar el arroz y 2 tzas de agua; hervir. Cocinar durante 18 minutos.

Calentar el aceite restante en una sartén a fuego medio. Salpimentar la tilapia y sellar durante 10 minutos en ambos lados. Dividir el arroz en porciones individuales. Agregar la tilapia y servir.

Información nutricional: Calorías 270, Grasa 18g, Carbs 26g, Proteína 13g

Atún al Gratin

Ingredientes para 4 porciones

10 oz atún en lata, deshecho
4 huevos, batidos

½ tza mozzarella, deshebrada
1 cda cebollín, picado

1 cda perejil, picado
Sal y pimienta negra al gusto

Instrucciones y tiempo total: aproximadamente 20 minutos

Precalentar el horno a 360ºF. Mezclar el atún, huevos, cebollín. perejil, sal y pimienta en un recipiente. Transferir la mezcla a un molde de horno y hornear durante 15 minutos. Espolvorear el queso y dejar reposar durante 5 minutos. Cortar antes de servir.

Información nutricional: Calorías 300, Grasa 15g, Carbs 13g, Proteína 7g

Lubina a la Mantequilla

Ingredientes para 4 porciones

1 cda mantequilla, derretida
4 filetes de lubina, sin piel

½ cdita cebolla en polvo
Sal y pimienta negra al gusto

Instrucciones y tiempo total: aproximadamente 25 minutos

Precalentar el horno a 425ºF. Sazonar el pescado con sal, pimienta y cebolla. Colocarlo en una bandeja para horno. Rociarlo con mantequilla y hornear durante 20 minutos hasta que esté hecho. Servir inmediatamente.

Información nutricional: Calorías 159, Grasa 6g, Carbs 1.2g, Proteína 23.8g

Atún con Verduras

Ingredientes para 4 porciones

2 cdas aceite de oliva
4 filetes de atún, sin espinas
1 pimiento rojo, cortado
1 cebolla, cortada

4 dientes de ajo, picados
½ tza caldo de pescado
1 cdita albahaca seca
½ tza tomates cherry, en mitades

½ tza aceitunas negras, en mitades
Sal y pimienta negra al gusto

Instrucciones y tiempo total: aproximadamente 25 minutos

Calentar el aceite en una sartén a fuego medio. Sellar el atún durante 10 minutos en ambos lados. Dividir el atún en porciones individuales. Saltear la cebolla, pimiento, ajo y tomates en la sartén durante 3 minutos. Agregar la sal, pimienta, caldo, albahaca y aceitunas; cocinar por 3 minutos más. Verter sobre el atún y servir.

Información nutricional: Calorías 260, Grasa 9g, Carbs 6g, Proteína 29g

Gyros de Atún con Tzatziki

Ingredientes para 4 porciones

4 oz tzatziki
½ lb atún en lata, escurrido
½ tza tahini
4 tomates deshidratados, cortados

2 cdas agua caliente
2 dientes de ajo, picados
1 cda jugo de limón
4 pita wraps

5 aceitunas negras, picadas
Sal y pimienta negra al gusto

Instrucciones y tiempo total: aproximadamente 15 minutos

Mezclar el tahini, agua, ajo, jugo de limón, sal y pimienta en un recipiente. Tostar el pita en una parrilla durante 1-2 minutos en ambos lados. Distribuir el tahini y la salsa tzatziki en un lado del pita. Agregar el atún, tomates y aceitunas. Doblar por la mitad y servir.

Información nutricional: Calorías 334, Grasa 24g, Carbs 9g, Proteína 21.3g

Pargo Cítrico al Horno

Ingredientes para 2 porciones

2 cdas aceite de oliva
1 cdita cilantro fresco, picado
½ cdita ralladura de limón
½ cda jugo de limón

½ cdita ralladura de toronja
½ cda jugo de toronja
½ cdita ralladura de naranja
½ cda jugo de naranja

½ chalota, picada
¼ cdita chile seco
1 pargo entero, limpio
Sal y pimienta negra al gusto

Instrucciones y tiempo total: aproximadamente 35 minutos

Precalentar el horno a 380ºF. Mezclar el aceite, cilantro, jugo de limón, jugo de naranja, jugo de toronja, chalota, chile seco, sal y pimienta en un recipiente; reservar. En otro recipiente, combinar la ralladura de limón, toronja y naranja, sal y pimienta.

Con la ayuda de un cuchillo, hacer 3-4 incisiones profundas, alrededor de 2-inch, en cada lado del pargo. Añadir un poco de la mezcla en cada incisión. Colocar el pescado en una bandeja engrasada para horno y hornear durante 25 minutos hasta que el pescado esté hecho. Bañar con el aderezo cítrico y servir.

Información nutricional: Calorías 257, Grasa 21g, Carbs 1.6g, Proteína 16g

Fletán en Salsa de Puerro

Ingredientes para 4 porciones

1 cdita ralladura de limón
¼ tza aceite de oliva
4 filetes de fletán, sin piel

1 lb puerro, en rodajas
1 cdita mostza Dijon
¾ tza vino blanco seco

1 cda cilantro fresco, picado
4 gajos de limón
Sal y pimienta negra al gusto

Instrucciones y tiempo total: aproximadamente 45 minutos

Calentar el aceite en una sartén a fuego medio. Salpimentar el fletán y sellar durante 6-7 minutos hasta que esté hecho. Transferirlo cuidadosamente a un plato. Saltear el puerro, mostaza, sal y pimienta en la sartén durante 10-12 minutos. Añadir el vino y ralladura de limón; hervir. Regresar el fletán, reducir la temperatura y cocinar cubierto durante 6-10 minutos. Transferir cuidadosamente el fletán a un plato, cubrirlo con aluminio y dejar reposar. Mientras tanto, aumentar la temperatura en la sartén y cocinar durante 2-4 minutos más hasta que la salsa espese. Salpimentar. Bañar el pescado con la salsa y decorar con cilantro. Acompañar con limón para servir.

Información nutricional: Calorías 566, Grasa 19g, Carbs 17g, Proteína 78g

Fletán al Horno con Berenjenas al Tomate

Ingredientes para 4 porciones

2 cdas aceite de oliva
¼ tza salsa de tomate
4 filetes de fletán, sin espinas

2 berenjenas, en rodajas
2 cdas vinagre balsámico
2 cdas cebollín, picado

Sal y pimienta negra al gusto

Instrucciones y tiempo total: aproximadamente 35 minutos

Precalentar el horno a 380ºF. Calentar el aceite en una sartén a fuego medio. Freir la berenjena durante 5-6 minutos en ambos lados; reservar. Añadir la salsa de tomate, vinagre, sal y pimienta a la sartén y cocinar durante 5 minutos. Colocar la berenjena en la sartén, cocinar por 2 minutos más; reservar. Colocar el fletán en un molde engrasado para horno y hornear durante 12-15 minutos. Servir los filetes sobre una cama de berenjenas. Decorar con cebollín para servir.

Información nutricional: Calorías 300, Grasa 13g, Carbs 19g, Proteína 16g

Merluza al Limón-Tomillo

Ingredientes para 4 porciones

1½ lb patatas rústicas, sin pelar
¼ tza aceite de oliva
½ cdita ajo en polvo

½ cdita pimentón
4 filetes de merluza, sin piel
4 ramas tomillo fresco

1 limón, en rodajas
Sal y pimienta negra al gusto

Instrucciones y tiempo total: aproximadamente 40 minutos

Precalentar el horno a 425ºF. Cortar las patatas en rodajas. En un recipiente, mezclar las patatas, aceite, sal, pimienta, pimentón y ajo. Calentarlas en el microondas durante 12-14 minutos hasta que estén suaves, remover una vez.

Colocar las patatas en una capa en una molde para horno. Salpimentar la merluza. Colocarla,piel abajo, sobre las patatas. Añadir el aceite restante, tomillo y rodajas de limón. Hornear durante 15-18 minutos hasta que la merluza esté hecha. Servir de inmediato.

Información nutricional: Calorías 410, Grasa 16g, Carbs 33g, Proteína 34g

Sardinas a la Parrilla con Salsa de Hierbas

Ingredientes para 4 porciones

12 sardinas, destripadas y limpias
1 limón, en gajos
2 dientes de ajo, picados
2 cdas alcaparras, finamente picadas

1 cda alcaparras enteras
1 chalota, en dados
1 cdita pasta de anchoa
1 limón, en jugo y ralladura

2 cdas aceite de oliva
1 cda perejil, finamente picado
1 cda albahaca, finamente picada

Instrucciones y tiempo total: aproximadamente 15 minutos + tiempo de marinado

Mezclar el ajo, alcaparras, chalota, pasta de anchoa, ralladura y aceite en un recipiente. Incorporar las sardinas y dejarlas marinar durante 30 minutos.

Precalentar el horno en grill en high. Colocar las sardinas en el horno y asar durante 3-4 minutos por lado hasta que la piel se empiece a quemar. Calentar el marinado en una cacerola a fuego medio. Agregar las alcaparras, perejil, albahaca y jugo de limón; hervir durante 2-3 minutos hasta espesar. Bañar las sardinas con la salsa, acompañar con limón y servir.

Información nutricional: Calorías 395, Grasa 21g, Carbs 2.1g, Proteína 46g

Huevos Rellenos de Arenque

Ingredientes para 6 porciones

1/3 tza aioli
1 cda alcaparras
12 huevos

1 cda estragón, picado
2 jalapeños, picados
1 (6.7-oz) lata arenque ahumado

1 cdita pimentón
Sal y pimienta negra al gusto

Instrucciones y tiempo total: aproximadamente 20 minutos

Hervir suficiente agua en una cacerola a fuego medio. Colocar poco a poco los huevos, cubrir y hervir durante 10 minutos. Transferir los huevos a un baño de agua fría. Pelar los huevos y cortarlos por la mitad horizontalmente.

En un recipiente, mezclar las yemas, aioli, arenque, pimentón, alcaparras, estragón, jalapeños, sal y pimienta. Dividir la mezcla entre las mitades de huevo. Acomodarlos en un plato y servir.

Información nutricional: Calorías 205, Grasa 13g, Carbs 4g, Proteína 18g

Eglefino al Horno con Gremolata

Ingredientes para 6 porciones

1 tza leche
2 cdas romero, picado

1 diente de ajo, picado
1 limón, en ralladura

1½ lb filetes de eglefino
Sal y pimienta negra al gusto

Instrucciones y tiempo total: aproximadamente 35 minutos + tiempo de marinado

Colocar el pescado, leche, sal, pimienta y 1 cda romero en un recipiente. Refrigerar durante 2 horas.

Precalentar el horno a 380ºF. Escurrir el pescado cuidadosamente y colocarlo en un molde para horno. Cubrir y hornear durante 15-20 minutos hasta que el pescado se deshaga. Dejar reposar durante 5 minutos.

Para la gremolata, mezclar el romero restante, ralladura de limón y ajo. Decorar el pescado con la gremolata para servir.

Información nutricional: Calorías 112, Grasa 2g, Carbs 3g, Proteína 20g

Caballa en Salsa Roja

Ingredientes para 2 porciones

1 cda mantequilla
2 filetes de caballa
¼ tza vino blanco
½ tza cebolletas, en rodajas

2 dientes de ajo, picados
½ cdita tomillo seco
1 cdita perejil seco
½ tza caldo de verduras

½ tza salsa de tomate
½ cdita salsa picante
1 cda mente fresca, picada
Sal y pimienta negra al gusto

Instrucciones y tiempo total: aproximadamente 15 minutos

Derretir la mantequilla en una cacerola a fuego medio. Sellar el pescado durante 6 minutos en ambos lados. Reservar. Añadir el vino a la cacerola y desglasar el fondo. Agregar las cebolletas y ajo; cocinar por 3 minutos. Incorporar el tomillo, perejil, sal, pimienta, caldo y salsa de tomate. Regresar el pescado a la cacerola y cocinar durante 3-4 minutos. Mezclar la salsa picante y menta. Servir inmediatamente.

Información nutricional: Calorías 334, Grasa 22g, Carbs 7g, Proteína 23.8g

Lenguado Crujiente

Ingredientes para 4 porciones

¼ tza aceite de oliva
½ tza harina

½ cdita pimentón
8 filetes de lenguado, sin piel

4 gajos de limón
Sal y pimienta negra al gusto

Instrucciones y tiempo total: aproximadamente 10 minutos

Calentar el aceite en una sartén a fuego medio. En un recipiente, combinar la harina, pimentón, sal y pimienta. Cubrir el pescado con la harina, sacudiendo el exceso y freirlos durante 2-3 minutos por lado. Acompañar con limón para servir.

Información nutricional: Calorías 219, Grasa 15g, Carbs 13g, Proteína 8.7g

Barramundi Cítrico con Corteza de Avellanas

Ingredientes para 2 porciones

2 cdas aceite de oliva
2 filetes de barramundi, sin espinas
1 chalota, en rodajas

4 rodajas de limón
½ limón, en jugo y ralladura
1 tza espinaca baby

¼ tza avellanas, picadas
4 dátiles, sin hueso, cortados
Sal y pimienta negra al gusto

Instrucciones y tiempo total: aproximadamente 25 minutos

Precalentar el horno a 380ºF. Salpimentar el barramundi. Colocarlo en 2 piezas de papel aluminio. Agregar rodajas de limón, jugo de limón, chalota, ralladura de limón, espinaca, avellanas, dátiles, perejil y 1 cda de aceite a cada uno. Envolver el pescado para formar un paquete, colocarlos en una bandeja y hornear durante 12 minutos. Servir.

Información nutricional: Calorías 240, Grasa 17g, Carbs 26g, Proteína 7g

Mix de Gambas y Verduras Asadas

Ingredientes para 4 porciones

2 lb gambas, peladas
4 cdas aceite de oliva
2 pimientos, en trozos
2 hinojos, en trozos

2 cebollas moradas, en trozos
4 dientes de ajo, sin pelar
8 aceitunas Kalamata, en mitades
1 cdita ralladura de limón

2 cditas orégano seco
2 cdas perejil, picado
Sal y pimienta negra al gusto

Instrucciones y tiempo total: aproximadamente 30 minutos

Precalentar el horno a 390ºF. Colocar los pimientos, ajo, hinojo, cebollas y aceitunas en una bandeja para horno. Añadir la mitad del aceite, ralladura de limón y orégano; mezclar bien. Hornear durante 15 minutos. Cubrir las gambas con el aceite restante. Colocarlas sobre las verduras y hornear durante 7 minutos. Decorar con perejil para servir.

Información nutricional: Calorías 350, Grasa 20g, Carbs 35g, Proteína 11g

Anchoas con Aderezo de Ajo

Ingredientes para 2 porciones

½ cdita chile seco   4 dientes de ajo, picados
16 anchoas, en lata   Sal y pimienta negra al gusto

Instrucciones y tiempo total: aproximadamente 10 minutos

Precalentar el horno en broil. Colocar las anchoas en una bandeja cubierta de papel encerado. En un recipiente, mezclar el aceite de las anchoas, ajo, sal, pimienta y chile seco. Bañar las anchoas con la salsa y hornear durante 3-4 minutos. Dividir la anchoas en 2 porciones y rociarlas con la mezcla restante. Servir de inmediato.

Información nutricional: Calorías 103, Grasa 3g, Carbs 5g, Proteína 11g

Crujientes Palitos de Pescado

Ingredientes para 4 porciones

2 huevos, batidos   ½ tza maicena amarilla   1 pimiento del padrón, en tiras
1 cda leche   ½ tza pan molido panko   Sal y pimienta negra al gusto
1 lb filetes de tilapia, sin piel, en tiras   ¼ cdita pimentón ahumado

Instrucciones y tiempo total: aproximadamente 15 minutos

Precalentar el horno a 400ºF. Colocar una bandeja alta en el horno. En un recipiente, batir los huevos y leche. Agregar las tiras de pescado y cubrir completamente. En una bolsa resellable, mezclar la maicena, pan molido, pimentón, sal y pimienta. Escurrir completamente el pescado y colocarlo dentro de la bolsa. Cerrar la bolsa y sacudir hasta que todo el pescado esté completamente cubierto.

Cuidadosamente retirar la bandeja del horno, engrasarla con spray de cocina. Colocar las tiras de pescado en una fila y hornearlas durante 6-8 minutos hasta que el pescado esté hecho. Servir de inmediato.

Información nutricional: Calorías 238, Grasa 3g, Carbs 28g, Proteína 22g

Vieiras Fritas

Ingredientes para 4 porciones

1½ lb vieiras grandes, limpias   ½ cdita chile seco   1 chalota pequeña, picada
3 cdas aceite de oliva   2 cda salsa picante   1 cda cilantro fresco, picado
1 diente de ajo, finamente picado ¼ tza salsa de tomate   Sal y pimienta negra al gusto

Instrucciones y tiempo total: aproximadamente 25 minutos

Calentar el aceite en una sartén a fuego medio. Sellar las vieiras durante 2 minutos. Girarlas y cocinar durante 2 minutos más; reservar. Sofreir la chalota y ajo en la sartén durante 3-5 minutos. Incorporar la salsa picante, salsa de tomate y chile seco; hervir durante 3-4 minutos, removiendo constantemente. Agregar las vieiras; calentar. Decorar con cilantro para servir.

Información nutricional: Calorías 204, Grasa 14.1g, Carbs 5g, Proteína 14g

Langostinos con Champiñones

Ingredientes para 4 porciones

1 lb langostinos tigre, pelados   2 cebolletas, en rodajas   2 cdas vinagre balsámico
3 cdas aceite de oliva   ½ lb champiñones blancos, en rebanadas 2 cditas ajo, picado

Instrucciones y tiempo total: aproximadamente 25 minutos

Calentar el aceite en una sartén a fuego medio. Saltear las cebolletas y ajo por 2 minutos. Agregar los champiñones y vinagre; cocinar por 6 minutos más. Incorporar los langostinos; cocinar por 4 minutos. Servir de inmediato.

Información nutricional: Calorías 260, Grasa 9g, Carbs 13g, Proteína 19g

Langostinos Estilo Andaluz

Ingredientes para 4 porciones

1 lb langostinos, pelados
2 cdas aceite de oliva
1 limón, en jugo y ralladura

2 tomates, cortados
1 tza cebolletas, cortadas
2 cdas alcaparras, picadas

2 cdas eneldo, picado
Sal y pimienta negra al gusto

Instrucciones y tiempo total: aproximadamente 25 minutos

Calentar el aceite en una sartén a fuego medio. Sofreir las cebolletas y alcaparras durante 2-3 minutos. Agregar los langostinos, ralladura de limón, tomates, eneldo, sal y pimienta; cocinar por 6 minutos más. Rociar con jugo de limón para servir.

Información nutricional: Calorías 230, Grasa 14g, Carbs 23g, Proteína 6g

Vieiras en Salsa de Tomate-Albahaca

Ingredientes para 4 porciones

2 cdas aceite de oliva
2 cda albahaca, picada
1 lb vieiras, limpias

1 cda ajo, picado
1 cebolla, cortada
6 tomates, en cubos

1 tza crema espesa
1 cda perejil, picado

Instrucciones y tiempo total: aproximadamente 20 minutos

Calentar el aceite en una sartén a fuego medio. Sofreir el ajo y cebolla por 2 minutos. Agregar las vieiras, albahaca, tomates, crema y perejil; cocinar por 7 minutos más. Servir inmediatamente.

Información nutricional: Calorías 270, Grasa 12g, Carbs 17g, Proteína 11g

Tradicional Vieira Toscana

Ingredientes para 4 porciones

2 cdas aceite de oliva
1 lb vieiras, lavadas

4 tzas kale toscano
1 naranja, en jugo

¼ cdita chile seco
Sal y pimienta negra al gusto

Instrucciones y tiempo total: aproximadamente 25 minutos

Salpimentar las vieiras. Calentar el aceite en una sartén a fuego medio. Freir las vieiras durante 6-8 minutos por todos lados; reservar cubiertas con papel alumnio. Saltear el kale, chile seco, jugo de naranja, sal y pimienta en la misma sartén durante 4-5 minutos hasta que el kale se marchite. Dividir la mezcla en 4 platos. Agregar las vieiras y servir.

Información nutricional: Calorías 214, Grasa 8g, Carbs 15.2g, Proteína 21g

Vieiras Envueltas en Pancetta

Ingredientes para 6 porciones

2 cdita aceite de oliva
12 rebanadas delgadas de pancetta

12 vieiras medianas
2 cditas jugo de limón

1 cdita chile en polvo

Instrucciones y tiempo total: aproximadamente 25 minutos

Envolver cada vieira con una rebanada de pancetta, asegurando los bordes con un palillo. Calentar el aceite en una sartén a fuego medio. Freir las vieiras durante 6 minutos por todos lados. Decorar con chile en polvo y jugo de limón para servir.

Información nutricional: Calorías 310, Grasa 25g, Carbs 24g, Proteína 19g

Mejillones a la Marinara

Ingredientes para 4 porciones

2 lb mejillones, limpios
2 cdas aceite de oliva
2 puerros, cortados

1 cebolla morada, cortada
1 cda perejil, picado
1 cda cebollín, picado

½ tza salsa de tomate
Sal y pimienta negra al gusto

Instrucciones y tiempo total: aproximadamente 25 minutos

Calentar el aceite en una sartén a fuego medio. Sofreir el puerro y cebolla por 5 minutos. Agregar los mejillones, sal, pimienta, perejil, cebollín y salsa de tomate; hervir durante 10 minutos. Descartar los mejillones cerrrados. Servir de inmediato.

Información nutricional: Calorías 250, Grasa 10g, Carbs 16g, Proteína 9g

POULTRY

Pollo Cacciatore

Ingredientes para 4 porciones

3 cdas aceite de oliva
1 lb muslos de pollo, en tiras
¼ tza vino blanco Marsala
1 cdita orégano seco
2 cdita maicena

3 cdas caldo de pollo
1 tomate, cortado
1 chalota, picada
1 diente de ajo, picado
¼ lb champiñones, en rebanadas

1 pimiento rojo, en tiras
2 ramas romero fresco
Sal y pimienta negra al gusto

Instrucciones y tiempo total: aproximadamente 20 minutos

En un recipiente, mezclar 2 cdas de vino, orégano, sal, pimienta y maicena. Incorporar el pollo hasta cubrirlo completamente; reservar. Calentar el aceite en una sartén a fuego medio. Saltear la chalota y ajo por 1 minuto. Agregar los champiñones y pimientos; sofreir por 2-3 minutos. Reservar.

En la misma sartén, sellar el pollo durante 5 minutos hasta estar casi hecho. Añadir el vino, caldo y tomates; mezclar bien y hervir. Regresar los vegetales; cocinar durante 2 minutos más. Decorar con romero para servir.

Información nutricional: Calorías 369, Grasa 29g, Carbs 6g, Proteína 20g

Pollo a la Griega con Patatas

Ingredientes para 4 porciones

4 patatas, sin piel, en cuartos
4 piernas de pollo, sin piel, sin hueso
4 tzas agua
2 limones, en jugo y ralladura
1 cda aceite de oliva
2 cdita orégano fresco

2 chiles serrano, picados
3 cdas perejil, finamente picado
1 tza berro, en bolsa
1 pepino, finamente picado
10 tomates cherry, en cuartos
16 aceitunas Kalamata, sin hueso

¼ tza hummus
¼ tza queso feta, en trozos
Sal y pimienta negra al gusto
Gajos de limón, para servir

Instrucciones y tiempo total: aproximadamente 30 minutos

Añadir suficiente agua en el Instant Pot. Agregar las patatas y colocar la rejilla sobre ellas. En un recipiente, mezclar el jugo de limón, aceite, pimienta, orégano, ralladura, sal y chile serrano. Colocar las piernas de pollo en el marinado; mezclar hasta cubrir completamente.

Colocar el recipiente en la rejilla. Cerrar la tapa, seleccionar Manual y cocinar durante 15 minutos en High. Realizar una liberación rápida de presión. Retirar el recipiente y la rejilla del Pot. Escurrir las patatas. Agregar el perejil y sal.

Dividir las patatas en porciones individuales. Agregar el berro, pepino, hummus, tomates cherry, pollo, aceitunas y queso feta. Acompañar con trozos de limón para servir.

Información nutricional: Calorías 726, Grasa 15g, Carbs 75g, Proteína 72g

Pollo al Vino

Ingredientes para 4 porciones

4 cdas aceite de oliva
2 cdas mantequilla
3 dientes de ajo, picados
1 cda ralladura de limón

2 cdas tomillo fresco, picado
2 cdas perejil fresco. picado
4 piernas de pollo, con hueso
2 tzas uvas roja (en racimos)

1 cebolla morada, en rodajas
1 tza vino tinto Chianti
1 tza caldo de pollo
Sal y pimienta negra al gusto

Instrucciones y tiempo total: aproximadamente 80 minutos + tiempo de reposo

En un recipiente, mezclar el pollo, 2 cdas aceite, ajo, tomillo. perejil, ralladura de limón, sal y pimienta. Refrigerar durante 1 hora.

Precalentar el horno a 400ºF. Calentar el aceite restante en una cacerola a fuego medio. Sellar el pollo durante 3-4 minutos por lado. Agregar las uvas. Colocar la cacerola en el horno y hornear durante 20-30 minutos hasta que la temperatura interna del pollo alcance los 180ºF.

Derretir la mantequilla en otro cacerola a fuego medio. Pochar la cebolla durante 3-4 minutos. Añadir el vino y caldo; hervir durante 30 minutos hasta que la salsa espese. Dividir el pollo en porciones individuales, bañar con la salsa y servir.

Información nutricional: Calorías 562, Grasa 31g, Carbs 16g, Proteína 52g

Pollo a las Hierbas en Salsa de Espárragos

Ingredientes para 4 porciones

4 piernas de pollo
4 dientes de ajo, picados
4 ramas tomillo fresco, picadas
3 ramas romero fresco, picadas
2 cdas aceite de oliva

8 oz espárragos, cortados
1 cebolla, cortada
1 tza caldo de pollo
1 cda salsa de soja
1 rama tomillo fresca

1 cda harina
2 cdas perejil, picado
Sal y pimienta negra al gusto

Instrucciones y tiempo total: aproximadamente 40 minutos

Calentar el aceite en el Instant Pot en Sauté. Saltear la cebolla y espárragos durante 5 minutos. Añadir el caldo, 1 rama de tomillo, pimienta, salsa de soja y sal; mezclar bien. Colocar la rejilla sobre los espárragos. Cubrir todo el pollo con ajo, romero, pimienta, ralladura de limón, tomillo y sal. Colocar el pollo en la rejilla. Cerrar la tapa, seleccionar Manual y cocinar durante 20 minutos en High Pressure. Realizar una liberación rápida de presión. Transferir el pollo a un plato. Retirar la rejilla. Agregar la harina a la olla y triturar con una batidora de mano hasta obtener la consistencia deseada. Bañar el pollo con la salsa de espárragos y decorar con perejil para servir.

Información nutricional: Calorías 193, Grasa 11g, Carbs 10g, Proteína 16g

Pollo a la Siciliana

Ingredientes para 4 porciones

1 lb pechuga de pollo, en mitades
2 cdas aceite de oliva
1 cebolla morada, en rodajas delgadas
½ tza pimientos mixtos, en tiras

2 dientes de ajo, picados
1 cda alcaparras, lavadas
3 cdas albahaca fresca, picada
2 cdas vinagre balsámico

½ cdita chile seco
Sal y pimienta negra al gusto

Instrucciones y tiempo total: aproximadamente 25 minutos

Calentar el aceite en una sartén a fuego medio. Salpimentar el pollo. Sellarlo durante 4-5 minutos por lado; reservar. Saltear la cebolla, ajo y pimientos en la misma sartén por 3-4 minutos. Añadir el vinagre y chile seco. Regresar el pollo. Incorporar las alcaparras. Cubrir, reducir la temperatura y cocinar durante 6 minutos hasta que el pollo esté hecho. Decorar con albahaca para servir.

Información nutricional: Calorías 272, Grasa 17g, Carbs 3g, Proteína 24g

Kabobs de Pollo

Ingredientes para 4 porciones

1 pimiento rojo, en cubos
2 cdas aceite de oliva
2 pechugas de pollo, en cubos
1 cebolla morada, en cubos
1 tza champiñones, en cuartos

2 cditas pimentón dulce
1 cdita nuez moscada molida
1 cdita sazonador Italiano
¼ cdita pimentón ahumado
¼ cdita cardamomo molido

1 limón, en jugo
3 dientes de ajo, picados
Sal y pimienta negra al gusto

Instrucciones y tiempo total: aproximadamente 50 minutos

En un recipiente, mezclar el pollo, cebolla, champiñones, pimiento, pimentón, nuez moscada, sazonador Italiano, pimentón dulce, sal, pimienta, cardamomo, jugo de limón, ajo y aceite de oliva. Refrigerar cubierto durante 30 minutos.

Precalentar el grill en High. Alternando, ensartar los cubos de pollo, pimiento, champiñones y cebolla en 8 palillos metálicos. Asarlos durante 16 minutos en todos los lados, girando frecuentemente. Servir caliente.

Información nutricional: Calorías 270, Grasa 15g, Carbs 15g, Proteína 21g

Pechugas de Pollo al Vino con Alcaparras

Ingredientes para 4 porciones

2 cdas mantequilla
1 lb pechuga de pollo
½ tza harina
½ cdita nuez moscada molida

½ tza caldo de pollo
½ tza vino blanco seco
1 limón, en jugo y ralladura
1 cda alcaparras

2 cdas cilantro fresco, picado
Sal y pimienta negra al gusto

Instrucciones y tiempo total: aproximadamente 25 minutos

Cortar el pollo en 4 piezas. Aplanarlas hasta conseguir ¼-inch de grueso. En un recipiente, combinar la harina, nuez moscada, sal y pimienta. Cubrir el pollo con la mezcla, sacudiendo el exceso de harina.

Derretir la mantequilla en una sartén a fuego medio. Sellar el pollo durante 6-8 minutos en ambos lados; reservar. Añadir el vino; desglasar el fondo de la sartén. Incorporar el caldo, jugo de limón, ralladura y alcaparras; hervir durante 3-4 minutos hasta que espese. Bañar el pollo con la salsa y decorar con cilantro. Servir inmediatamente.

Información nutricional: Calorías 355, Grasa 15g, Carbs 13g, Proteína 33g

Pastel de Pollo con Salsa Tzatziki

Ingredientes para 4 porciones

1 lb molida de pollo	1 tza salsa tzatziki	½ cdita pimentón dulce
1 cebolla, cortada	½ cdita orégano griego	Sal y pimienta negra al gusto
1 cdita ajo en polvo	½ cdita cilantro seco	

Instrucciones y tiempo total: aproximadamente 70 minutos + tiempo de reposo

Precalentar el horno a 350ºF. En un recipiente, mezclar con las manos el pollo, pimentón, cebolla, orégano, cilantro, ajo, sal y pimienta. Colocar la mezcla en un molde para pan; hornear durante 55-60 minutos. Dejar reposar durante 15 minutos antes de cortar. Acompañar con salsa tzatziki para servir.

Información nutricional: Calorías 240, Grasa 9g, Carbs 3.6g, Proteína 33.2g

Pollo Estilo Español

Ingredientes para 4 porciones

2 cdas aceite de oliva	1 apio, cortado	10 aceitunas verdes, en rodajas
½ tza caldo de pollo	1 cda orégano seco	Sal y pimienta negra al gusto
4 pechugas de pollo	1 cebolla blanca, cortada	
2 dientes de ajo, picados	1½ tzas tomates, en cubos	

Instrucciones y tiempo total: aproximadamente 25 minutos

Calentar el aceite en una sartén a fuego medio. Salpimentar el pollo. Dorar durante 4 minutos en ambos lados. Agregar el ajo, orégano, caldo, cebolla, apio, tomates y aceitunas; hervir. Cocinar durante 13-15 minutos. Servir caliente.

Información nutricional: Calorías 140, Grasa 7g, Carbs 13g, Proteína 11g

Pollo al Horno con Vegetales

Ingredientes para 6 porciones

½ tza aceitunas verdes, sin hueso, machacadas

2 batatas, sin piel, en cubos	1 limón, en ralladura y jugo	½ tza perejil, picado
¼ tza aceite de oliva	2 zanahorias, cortadas	Sal y pimienta negra al gusto
2 lb pechuga de pollo, en tiras	1 cebolla, cortada	
2 cdas harissa en polvo	½ tza queso feta, en trozos	

Instrucciones y tiempo total: aproximadamente 50 minutos

Precalentar el horno a 390ºF. En una sartén para horno, mezclar el pollo, harissa, jugo de limón, ralladura, aceite, sal pimienta, zanahorias, batatas y cebollas. Hornear durante 40 minutos. En un recipiente, combinar el queso feta con aceitunas. Dividir el pollo en porciones individuales. Agregar las aceitunas y decorar con perejil para servir.

Información nutricional: Calorías 310, Grasa 10g, Carbs 23g, Proteína 15g

Salchichas de Pollo en Salsa de Pimiento

Ingredientes para 4 porciones

2 cdas aceite de oliva	1 cebolla, en rodajas delgadas	½ tza vino blanco seco
4 ristras de salchicha de pollo	1 pimiento rojo, en tiras	½ chile seco, picado
2 dientes de ajo, picados	1 pimiento verde, en tiras	Sal y pimienta negra al gusto

Instrucciones y tiempo total: aproximadamente 30 minutos

Calentar el aceite en una cacerola a fuego medio. Dorar las salchichas durante 6 minutos, girando periodicamente; reservar. Saltear la cebolla, pimientos y ajo en la misma cacerola durante 5 minutos. Añadir el vino y desglasar el fondo. Sazonar con sal, pimienta y chile seco; hervir durante 4 minutos hasta que la salsa reduzca a la mitad. Bañar las salchichas con la salsa para servir.

Información nutricional: Calorías 193, Grasa 12g, Carbs 10g, Proteína 6.2g

Alitas de Pollo al Queso

Ingredientes para 4 porciones

2 cdas mantequilla
1 tza queso Halloumi, en cubos
1 huevo duro, sólo la yema
½ tza aceite de oliva

6 aceitunas negras, en mitades
1 cda cilantro fresco, picado
1 cda vinagre balsámico
1 cda ajo, finamente picado

1 cda jugo de limón fresco
1½ lb alas de pollo
Sal y pimienta negra al gusto

Instrucciones y tiempo total: aproximadamente 40 minutos

Derretir la mantequilla en una cacerola a fuego medio. Sellar las alas de pollo durante 5 minutos. Salpimentar. Acomodar el pollo en un molde cubierto con papel encerado. En un recipiente, batir la yema, ajo, jugo de limón, vinagre, aceite y sal hasta obtener una mezcla cremosa y uniforme.

Precalentar el horno a 380ºF. Bañar el pollo con la mezcla de huevo. Colocar el molde en el horno y hornear durante 15-20 minutos. Espolvorear el queso y hornear durante 5 minutos más. Decorar con cilantro y aceitunas para servir.

Información nutricional: Calorías 560, Grasa 48g, Carbs 2g, Proteína 41g

Pechugas Rellenas de Espinaca-Ricotta

Ingredientes para 4 porciones

2 cdas aceite de oliva
4 pechugas de pollo, en mitades
1 lb espinacas baby

2 dientes de ajo, picados
1 limón, en ralladura
½ tza queso ricotta, en trozos

1 cda piñones, tostados
Sal y pimienta negra al gusto

Instrucciones y tiempo total: aproximadamente 55 minutos

Precalentar el horno a 350ºF. Aplanar las pechugas hasta conseguir ½-inch de grueso. Salpimentar.

Calentar el aceite en una sartén a fuego medio. Saltear las espinacas por 4-5 minutos hasta que se marchiten. Agregar el ajo, sal, ralladura y pimienta; cocinar por 20-30 segundos. Dejar enfriar ligeramente antes de incorporar el queso ricotta y piñones. Agregar un poco de la mezcla en cada una de las pechugas, enrollarlas y asegurar con palillos. Colocar las pechugas en una bandeja y hornear durante 35-40 minutos. Dejar reposar durante unos minutos antes de cortar. Servir de inmediato.

Información nutricional: Calorías 260, Grasa 14g, Carbs 6.5g, Proteína 28g

Pechuga de Pollo en Salsa Blanca

Ingredientes para 4 porciones

1 tza sopa de cebolla, en lata
2 cdas aceite de oliva
1 lb pechuga de pollo, en cubos
½ cdita albahaca seca

½ tza harina
½ tza vino blanco
1 tza crema espesa
4 dientes de ajo, picados

¼ cdita chile seco
2 cdas perejil, picado
Sal y pimienta negra al gusto

Instrucciones y tiempo total: aproximadamente 30 minutos

Mezclar la sal, pimienta, chile seco, albahaca y harina en un recipiente. Agregar el pollo; cubrir completamente. Calentar el aceite en una sartén a fuego medio. Dorar el pollo durante 5 minutos, removiendo constantemente. Añadir el vino y desglasar el fondo. Incorporar el ajo, sopa de cebolla y ½ tza de agua; hervir. Reducir la temperatura y hervir durante 15-18 minutos. Mezclar la crema. Decorar con perejil y chile seco para servir.

Información nutricional: Calorías 465, Grasa 27g, Carbs 15g, Proteína 35g

Salteado de Pollo y Berenjenas con Almendras

Ingredientes para 4 porciones

2 cdas aceite de oliva
1 lb berenjenas, en cubos
1 cebolla, cortada
2 dientes de ajo, picados

1 cdita pimentón picante
1 cda orégano, picado
1 tza caldo de pollo
1 lb pechugas de pollo, en cubos

1 tza half and half
3 cditas almendras tostadas, picadas
Sal y pimienta negra al gusto

Instrucciones y tiempo total: aproximadamente 40 minutos

Calentar el aceite en una sartén a fuego medio. Dorar el pollo durante 8 minutos, removiendo constantemente. Incorporar la berenjena, cebolla y ajo; sofreir durante 5 minutos. Sazonar con sal, pimienta,pimentón y orégano. Añadir el caldo; hervir y cocinar durante 16 minutos. Mezclar el half and half durante 2 minutos. Decorar con almendras para servir.

Información nutricional: Calorías 400, Grasa 13g, Carbs 22g, Proteína 26g

Pollo Balsámico con Feta

Ingredientes para 4 porciones

1 lb pechuga de pollo, en tiras
2 cdas aceite de oliva
1 hinojo, cortado

2 cdas vinagre balsámico
2 tzas tomates, en cubos
1 cda cebollín, picado

¼ tza queso feta, en trozos
Sal y pimienta negra al gusto

Instrucciones y tiempo total: aproximadamente 35 minutos

Calentar el aceite en una sartén a fuego medio. Sellar el pollo durante 5 minutos, removiendo constantemente. Incorporar el hinojo, sal, pimienta, vinagre y tomates; cocinar durante 20 minutos. Decorar con queso feta y cebollín para servir.

Información nutricional: Calorías 290, Grasa 16g, Carbs 16g, Proteína 15g

Brochetas de Pollo y Vegetales

Ingredientes para 6 porciones

2 cdas aceite de oliva
1½ lb pechuga de pollo, en cubos
1 cda cebollín fresco, picado

1 calabacín, en rebanadas delgadas
1 cda sazonador italiano
1 tza pimientos, en tiras

1 cebolla morada, en trozos
1½ tzas tomates cherry

Instrucciones y tiempo total: aproximadamente 20 minutos

Precalentar el grill en High. Cubrir el pollo con aceite y sazonador italiano. Ensartar el pollo y los vegetales en palillos, alternándolos. Asar las brochetas durante 10 minutos, girándolas ocasionalmente para asegurar una coción completa. Decorar con cebollín para servir.

Información nutricional: Calorías 295, Grasa 14g, Carbs 6g, Proteína 36g

Alitas de Pollo Cítricas

Ingredientes para 6 porciones

2 cdas aceite de canola
12 alitas de pollo, en mitades
2 dientes de ajo, picados

1 lima, en jugo y ralladura
1 tza pasas, en remojo
1 cdita comino molido

½ tza caldo de pollo
1 cda cebollín, picado
Sal y pimienta negra al gusto

Instrucciones y tiempo total: aproximadamente 50 minutos

Precalentar el horno a 340ºF. En una bandeja de horno, mezclar las alas de pollo, ajo, jugo de lima, ralladura, aceite, pasas, comino, sal, pimienta, caldo y cebollín; hornear durante 40 minutos. Servir inmediatamente.

Información nutricional: Calorías 300, Grasa 20g, Carbs 22g, Proteína 19g

Piernas de Pollo y Verduras al Horno

Ingredientes para 4 porciones

4 ciruelas frescas, sin hueso, en cuartos
2 cdas aceite de oliva
4 piernas de pollo

1 lb patatas de guarnición, en mitades
1 zanahoria, en juliana
2 cdas perejil fresco, picado

Sal y pimienta negra al gusto

Instrucciones y tiempo total: aproximadamente 50 minutos

Precalentar el horno a 420ºF. En un recipiente, mezclar las patatas, zanahorias, ciruelas, sal, aceite y pimienta. Transferir la mezcla a una bandeja. Agregar el pollo y salpimentar. Hornear durante 40-45 minutos. Decorar con perejil para servir.

Información nutricional: Calorías 473, Grasa 23g, Carbs 49g, Proteína 21g

Pechugas Cremosas con Anacardos

Ingredientes para 4 porciones

2 cdas aceite de oliva
1½ lb pechuga de pollo, en mitades
4 cebolletas, cortadas

2 zanahorias, sin piel, en rodajas
¼ tza mayonesa
½ tza yogurt griego

1 tza anacardos tostados, picados
Sal y pimienta negra al gusto

Instrucciones y tiempo total: aproximadamente 40 minutos

Calentar el aceite en una sartén a fuego medio. Dorar el pollo durante 8 minutos por todos los lados. Incorporar las cebolletas, zanahorias, mayonesa, yogurt, sal y pimienta; hervir. Cocinar durante 20 minutos. Decorar con anacardos para servir.

Información nutricional: Calorías 310, Grasa 15g, Carbs 20g, Proteína 16g

Salteado de Pollo y Espárragos

Ingredientes para 4 porciones

2 cdas aceite de oliva
1 lb pechugas de pollo, en tiras
1 lb espárragos, cortados

6 tomates deshidratados, en cubos
3 cdas alcaparras, drenadas
2 cdas jugo de limón

Sal y pimienta negra al gusto

Instrucciones y tiempo total: aproximadamente 30 minutos

Calentar el aceite en una sartén a fuego medio. Saltear los espárragos, tomates, sal, pimienta, alcaparras y jugo de limón durante 10 minutos; reservar en un recipiente. Dorar el pollo en la misma sartén durante 8 minutos en ambos lados. Regresar los vegetales y cocinar por 2-3 minutos más. Servir inmediatamente.

Información nutricional: Calorías 560, Grasa 29g, Carbs 34g, Proteína 45g

Pechugas En Salsa Dulce

Ingredientes para 4 porciones

2 cdas aceite de oliva
2 tzas duraznos, en cubos
1 cda pimentón ahumado

1 lb pechuga de pollo, en cubos
2 tzas caldo de pollo
1 cda cebollino, picado

Sal y pimienta negra al gusto

Instrucciones y tiempo total: aproximadamente 30 minutos

Calentar el aceite en una sartén a fuego medio. Salpimentar el pollo y sellar durante 8 minutos, removiendo ocasionalmente. Incorporar los duraznos, pimentón y caldo; cocinar durante 15 minutos más. Decorar con cebollino para servir.

Información nutricional: Calorías 280, Grasa 14g, Carbs 26g, Proteína 17g

Pechugas a la Parmesana

Ingredientes para 4 porciones

1 cda aceite de oliva
1½ lb pechuga de pollo, en cubos
1 cdita cilantro molido

1 cdita hojuelas de perejil
2 dientes de ajo, picados
1 tza crema espesa

¼ tza queso Parmesano, rallado
1 cda albahaca, picada
Sal y pimienta negra al gusto

Instrucciones y tiempo total: aproximadamente 35 minutos

Calentar el aceite en una sartén a fuego medio. Salpimentar el pollo y dorar durante 6 minutos por todos los lados. Agregar el ajo; sofreír durante 1 minuto. Incorporar el cilantro, perejil y crema; cocinar durante 20 minutos. Decorar con albahaca y queso Parmesano para servir.

Información nutricional: Calorías 260, Grasa 18g, Carbs 26g, Proteína 27g

Pollo al Tomate-Romero

Ingredientes para 4 porciones

2 cdas aceite de oliva
1 lb pechuga de pollo, en tiras
1 cebolla, cortada
1 zanahoria, cortada

2 dientes de ajo, picados
½ tza caldo de pollo
1 cdita orégano seco
1 cdita estragón seco

1 cdita romero seco
1 tza tomates en lata, en cubos
Sal y pimienta negra al gusto

Instrucciones y tiempo total: aproximadamente 50 minutos

Calentar el aceite en una cacerola a fuego medio. Dorar el pollo durante 8 minutos en ambos lados. Agregar la zanahoria, ajo y cebolla; sofreír durante 3 minutos. Salpimentar. Incorporar el caldo, orégano, estragón, romero y tomates; hervir. Cocinar durante 25 minutos. Servir.

Información nutricional: Calorías 260, Grasa 12g, Carbs 16g, Proteína 10g

Pechuga con Garbanzos y Espinacas

Ingredientes para 4 porciones

2 cdas aceite de oliva
1 lb pechuga de pollo, en cubos
10 oz espinacas, cortadas
1 tza garbanzos, en lata

1 cebolla, cortada
2 dientes de ajo, picados
½ tza caldo de pollo
2 cdas queso Parmesano, rallado

1 cda perejil, picado
Sal y pimienta negra al gusto

Instrucciones y tiempo total: aproximadamente 25 minutos

Calentar el aceite en una sartén a fuego medio. Dorar el pollo durante 5 minutos. Salpimentar. Agregar el ajo y cebolla; sofreir durante 3 minutos. Añadir el caldo y garbanzos; hervir. Cocinar durante 20 minutos. Mezclar la espinaca; cocinar por 5 minutos hasta que se marchite. Decorar con queso Parmesano y perejil para servir.

Información nutricional: Calorías 290, Grasa 10g, Carbs 22g, Proteína 35g

Pollo Rostizado al Tomillo

Ingredientes para 4 porciones

1 cda mantequilla, suave	1 cdita pimentón	Sal y pimienta negra al gusto
1 lb piernas de pollo	1 limón, en ralladura	
2 dientes de ajo, picados	1 cda tomillo fresco, picado	

Instrucciones y tiempo total: aproximadamente 65 minutos

Precalentar el horno a 350ºF. En un recipiente, mezclar la mantequilla, tomillo, pimentón, sal, ajo, pimienta y ralladura. Curbir el pollo con la mezcla. Colocar en una bandeja para horno, añadir ½ tza de agua y hornear durante 50-60 minutos. Dejar reposar cubierto con papel aluminio durante 10 minutos. Servir caliente.

Información nutricional: Calorías 219, Grasa 9.4g, Carbs 0.5g, Proteína 31g

Pechugas Crujientes con Avellanas

Ingredientes para 4 porciones

2 cdas aceite de canola	2 cdas avellanas, picadas	2 cdas cilantro, picado
1 lb pechuga de pollo, en mitades	2 cebolletas, cortadas	2 cdas perejil, picado
½ cdita pimentón picante	2 dientes de ajo, picados	Sal y pimienta negra al gusto
1 tza caldo de pollo	¼ tza queso Parmesano, rallado	

Instrucciones y tiempo total: aproximadamente 65 minutos

Precalentar el horno a 370ºF. En una bandeja de horno engrasada, mezclar el pollo, aceite, pimentón, caldo, avellanas, cebolletas, ajo, sal y pimienta; hornear durante 40 minutos. Espolvorear el queso Parmesano; hornear por 5 minutos más hasta que el queso se derrita. Decorar con cilantro y perejil para servir.

Información nutricional: Calorías 230, Grasa 10g, Carbs 22g, Proteína 19g

Pechugas a la Portuguesa

Ingredientes para 4 porciones

1 tza aceitunas Kalamata, sin hueso, en mitades

2 cdas aceite de aguacate	15 oz garbanzos en lata	1 cdita cilantro, picado
1 lb pechuga de pollo, en cubos	15 oz tomates en lata, en cubos	Sal y pimienta negra al gusto
1 cebolla morada, cortada	2 cdas jugo de lima	

Instrucciones y tiempo total: aproximadamente 45 minutos

Calentar el aceite en una cacerola a fuego medio. Dorar el pollo y cebolla durante 5 minutos. Agregar la sal, pimienta, garbanzos, tomates, aceitunas, jugo de lima, cilantro y 2 tzas de agua. Cubrir y hervir. Reducir la temperatura y cocinar durante 30 minutos. Servir caliente.

Información nutricional: Calorías 360, Grasa 16g, Carbs 26g, Proteína 28g

Pechugas de Pollo Ligero

Ingredientes para 2 porciones

2 pechugas de pollo deshuesadas y sin piel

1 pimiento rojo, cortado en tiras	2 tomates medianos, cortados en cubitos	Sal y pimienta al gusto
1 cebolla roja, cortada en rodajas	2 cdas de aceite de oliva	Jugo de 1 limón

Instrucciones y tiempo total: aproximadamente 30 minutos

Precalienta el horno a 400ºF. En una bandeja para hornear, coloca las pechugas de pollo y sazónalas con sal y pimienta. Distribuye el pimiento, la cebolla y los tomates alrededor del pollo en la bandeja. Rocía el aceite de oliva y el jugo de limón sobre el pollo y las verduras. Hornea durante aproximadamente 20 minutos, o hasta que el pollo esté cocido y dorado.

Información nutricional: Calorías 280, Grasa 12g, Carbs 12g, Proteína 30g

PORK, BEEF & LAMB

Brochetas de Cerdo Glaseadas

Ingredientes para 6 porciones

2 lb lomo de cerdo, en cubos
1 tza mermelada de albaricoque
½ tza nectar de albaricoque

1 tza albaricoques deshidratados, enteros
2 cebollas, en trozos

½ cdita romero seco

Instrucciones y tiempo total: aproximadamente 50 minutos

Cubrir el cerdo con la mermelada de albaricoque, cubrir y dejar reposar durante 10-15 minutos. Hervir el néctar de albaricoque, romero y albaricoques deshidratados en una cacerola a fuego medio. Reducir la temperatura y hervir durante 2-3 minutos. Descartar los albaricoques y transferir el líquido al recipiente del cerdo. Mezclar bien y colarlo; reservar el marinado.

Precalentar el gril en Medium-High. Alternándolos, ensartar el cerdo, cebolla y albaricoques en 6 palillos metálicos. Cubrirlos con un poco de marinado y asar durante 10-12 minutos por todos lados hasta que el cerdo esté hecho, girándolos y añadiéndoles más marinado. Hervir el marinado sobrante durante 3-5 minutos. Acompañar las brochetas con salsa para servir.

Información nutricional: Calorías 393, Grasa 4g, Carbs 59g, Proteína 34g

Chuletas de Cerdo Crujientes

Ingredientes para 6 porciones

2 cdas mantequilla
3 cdas aceite de oliva
6 chuletas de cerdo, sin hueso

2 huevos frescos
2 cdas caldo de pollo
½ tza queso Parmesano, rallado

1 tza pan molido panko
1 cdita sazonador italiano
½ cdita albahaca seca

Instrucciones y tiempo total: aproximadamente 20 minutos

Aplanar las chuletas hasta obtener el grosor deseado. En un recipiente, batir los huevos y caldo. En otro recipiente, combinar el queso, pan molido, sazonador y albahaca. Cubrir las chuletas con el huevo y después con el pan molido. Derretir la mantequilla y el aceite en una sartén a fuego medio. Freir las chuletas durante 6-8 minutos por ambos lados. Servir inmediatamente.

Información nutricional: Calorías 449, Grasa 22g, Carbs 15g, Proteína 46g

Salteado de Pollo y Vegetales

Ingredientes para 4 porciones

2 cdas aceite de oliva
1 lb pechuga de pollo, cortadas
2 dientes de ajo, picados

2 pimientos rojos, cortados
1 cebolla, cortada
½ limón, en jugo y ralladura

½ tza queso feta, en trozos
2 cdas eneldo fresco, picado
Sal y pimienta negra al gusto

Instrucciones y tiempo total: aproximadamente 30 minutos

Calentar el aceite en una sartén a fuego medio. Salpimentar el pollo. Sellarlo durante 4 minutos; reservar. Agregar la cebolla, ajo y pimiento a la sartén; saltear durante 6-8 minutos. Regresar el pollo; añadir el jugo de limón y ralladura de limón; cocinar por 1 minuto. Agregar el queso feta y eneldo. Retirar del fuego, cubrir y dejar reposar durante 2-3 minutos hasta que el queso se derrita. Servir.

Información nutricional: Calorías 347, Grasa 22g, Carbs 10g, Proteína 28g

Lomo de Cerdo a la Italiana

Ingredientes para 4 porciones

½ tza vino tinto Chianti
1 cdita sazonador mediterráneo
1 tza cebolla morada, cortada

2 dientes de ajo, picados
1 pimiento italiano, cortado
2 cdas aceite de oliva

1 cda mostza Dijon
1½ lb lomo de cerdo

Instrucciones y tiempo total: aproximadamente 30 minutos

Cubrir el cerdo con mostaza y sazonador italiano. Calentar el aceite en una sartén a fuego medio. Sellar el lomo durante 9-10 minutos por lado; reservar. Agregar la cebolla, ajo y pimiento a la sartén; sofreir durante 3-4 minutos. Añadir el vino y desglasar el fondo; cocinar hasta que el líquido haya reducido por la mitad y esté espeso. Cortar el lomo en tiras y bañar con la salsa para servir.

Información nutricional: Calorías 450, Grasa 34g, Carbs 4g, Proteína 34g

Estofado de Cerdo Cremoso

Ingredientes para 4 porciones

1 cda aceite de aguacate
1 ½ tzas buttermilk
1 ½ lb carne de cerdo, en cubos

1 cebolla morada, cortada
1 diente de ajo, picado
½ tza caldo de pollo

2 cdas pimentón picante
1 cda cilantro, picado
Sal y pimienta negra al gusto

Instrucciones y tiempo total: aproximadamente 50 minutos

Calentar el aceite en una cacerola a fuego medio. Sellar el cerdo durante 5 minutos. Agregar la cebolla y ajo; pochar durante 5 minutos. Incorporar el caldo, pimentón, sal, pimienta y buttermilk; hervir. Cocinar durante 30 minutos. Decorar con cilantro para servir.

Información nutricional: Calorías 310, Grasa 10g, Carbs 16g, Proteína 23g

Chuletas de Cerdo en Salsa de Tomate

Ingredientes para 4 porciones

2 cdas aceite de oliva
½ cdita ajo, picado
Para la salsa:
1 tza tomates cherry
2 cdas albahaca fresca, picada
1 cdita romero

¼ tza caldo de verduras
4 chuletas de cerdo

½ tza cebolla morada, cortada
1 cdita orégano
2 cdas aceite de oliva

Sal y pimienta negra al gusto

1 diente de ajo, picado
1 pimienta de cayena, picada
Sal y pimienta negra al gusto

Instrucciones y tiempo total: aproximadamente 20 minutos

Calentar el aceite en una sartén a fuego medio. Sofreir el ajo hasta aromatizar. Agregar las chuletas, caldo, sal y pimienta; cocinar por 2-3 minutos por lado; reservar. En un procesador de alimentos, triturar los ingredientes para la salsa hasta obtener una consistencia cremosa. Transferir la mezcla a una cacerola y hervir durante 5-6 minutos a fuego medio. Bañar las chuletas con la salsa para servir.

Información nutricional: Calorías 138, Grasa 14g, Carbs 3g, Proteína 1g

Chuletas Asadas con Chutney de Albaricoque

Ingredientes para 4 porciones

1 cda aceite de oliva
½ cdita ajo en polvo
1 chuleta de cerdo, sin hueso

Para el chutney
3 tzas albaricoques, sin piel, cortados
½ tza pimiento rojo dulce, cortado
1 cdita aceite de oliva

¼ cdita comino molido
½ cdita salvia seca
1 cdita chile en polvo

¼ tza chalotas, picadas
½ chile jalapeño, picado
1 cda vinagre balsámico

Sal y pimienta negra al gusto

2 cdas cilantro, picado

Instrucciones y tiempo total: aproximadamente 40 minutos

Calentar el aceite en una sartén a fuego medio. Sofreir la chalota durante 5 minutos. Agregar el pimiento, albaricoque, jalapeño, vinagre y cilantro; hervir durante 10 minutos. Reservar.

Mientras tanto, sazonar las chuletas con aceite, sal, pimienta, ajo, comino, salvia y chile. Precalentar el grill en Medium. Asar las chuletas durante 12-14 minutos en ambos lados. Acompañar con el chutney de albaricoque para servir.

Información nutricional: Calorías 300, Grasa 11g, Carbs 14g, Proteína 39g

Jugoso Lomo de Cerdo con Verduras

Ingredientes para 4 porciones

2 cdas aceite de canola
2 zanahorias, cortadas
2 dientes de ajo, picados

1 lb lomo de cerdo, en cubos
4 oz guisantes de nieve
¾ tza caldo de res

1 cebolla, cortada
Sal y pimienta negra al gusto

Instrucciones y tiempo total: aproximadamente 30 minutos

Calentar el aceite en una sartén a fuego medio. Sellar el cerdo durante 5 minutos. Incorporar los guisantes, zanahorias, ajo, caldo, cebolla, sal y pimienta; hervir. Cocinar durante 15 minutos. Servir de inmediato.

Información nutricional: Calorías 340, Grasa 18g, Carbs 21g, Proteína 28g

Chuletas al Ajillo Horneadas

Ingredientes para 4 porciones

1 cda aceite de oliva
4 chuletas de cerdo, sin hueso

4 dientes de ajo, picados
1 cda tomillo, picado

Sal y pimienta negra al gusto

Instrucciones y tiempo total: aproximadamente 45 minutos

Precalentar el horno a 390ºF. Colocar las chuletas, sal, pimienta, ajo, tomillo y aceite en una bandeja; hornear durante 10 minutos. Reducir la temperatura a 360ºF y hornear durante 25 minutos más. Servir caliente.

Información nutricional: Calorías 170, Grasa 6g, Carbs 2g, Proteína 26g

Cerdo Souvlaki

Ingredientes para 6 porciones

3 cdas aceite de oliva
1 cebolla, rallada
3 dientes de ajo, picados

1 cdita comino molido
2 cditas orégano seco
2 lb paleta de cerdo, sin hueso, en cubos

2 limones, en gajos
Sal y pimienta negra al gusto

Instrucciones y tiempo total: aproximadamente 20 minutos + tiempo de marinado

En un recipiente, mezclar el aceite, cebolla, ajo, comino, sal, pimienta y orégano. Agregar el cerdo; mezclar bien. Cubrir y refrigerar durante al menos 2 horas o toda la noche.

Precalentar el grill en Medium-High. Ensartar los cubos en palillos de bamboo. Asarlos durante 10 minutos por todos los lados hasta que el cerdo esté hecho. Acompañar con gajos de limón.

Información nutricional: Calorías 279, Grasa 16g, Carbs 5g, Proteína 29g

Lomo a la Mostaza

Ingredientes para 4 porciones

2 cdas aceite de oliva
1½ lb lomo de cerdo
2 dientes de ajo, picados
½ tza perejil fresco, picado

1 cda romero, picado
1 cda estragón, picado
3 cdas mostza en grano
½ cdita comino en polvo

½ chile picante, picado
Sal y pimienta negra al gusto

Instrucciones y tiempo total: aproximadamente 30 minutos

Precalentar el horno a 400ºF. En un procesador de alimentos, triturar el perejil, estragón, romero, mostaza, aceite, chile, comino, sal, ajo y pimienta hasta obtener una textura cremosa. Cubrir el cerdo con la mezcla. Colocarlo en una bandeja y hornear durante 20-25 minutos. Cortar antes de servir.

Información nutricional: Calorías 970, Grasa 29g, Carbs 2.6g, Proteína 16g

Chuletas de Cerdo y Vegetales al Horno

Ingredientes para 4 porciones

2 cdas aceite de oliva
4 chuletas de cerdo, sin hueso
1 cdita sazonador italiano
1 calabacín, en rodajas

1 calabaza de verano, en cubos
10 tomates cherry, en mitades
½ cdita orégano seco
3 dientes de ajo, picados

10 aceitunas Kalamata, en mitades
¼ tza queso ricotta, en trozos
Sal y pimienta negra al gusto

Instrucciones y tiempo total: aproximadamente 40 minutos

Precalentar el horno a 370ºF. Mezclar las chuletas, sal, pimienta, sazonador italiano, calabacín, calabaza, tomates, orégano, aceite, ajo y aceitunas en una bandeja; cubrir y hornear durante 30 minutos. Decorar con queso ricotta para servir.

Información nutricional: Calorías 240, Grasa 10g, Carbs 10g, Proteína 29g

Chuletas con Cebollas y Pimientos

Ingredientes para 4 porciones

2 cdas aceite de oliva
4 chuletas de cerdo
1 cdita semillas de hinojo
1 pimiento rojo, en tiras

1 pimiento verde, en tiras
1 cebolla dulce, en rodajas delgadas
2 cdita sazonador italiano
2 dientes de ajo, picados

1 cda vinagre balsámico
Sal y pimienta negra al gusto

Instrucciones y tiempo total: aproximadamente 30 minutos

Calentar el aceite en una sartén a fuego medio. Salpimentar las chuletas. Sellarlas durante 6-8 minutos en ambos lados; reservar. Saltear el ajo, pimientos, cebolla, hinojo y hierbas durante 6-8 minutos, removiendo ocasionalmente. Regresar las chuletas y cubrir. Reducir la temperatura y cocinar durante 3 minutos. Transferir la mezcla a un plato. Añadir el vinagre en la sartén; hervir durante 1-2 minutos, removiendo vigorosamente. Bañar las chuletas con las salsa para servir.

Información nutricional: Calorías 508, Grasa 40g, Carbs 8g, Proteína 31g

Chuletas al Durazno

Ingredientes para 4 porciones

2 cdas aceite de oliva	4 chuletas de cerdo, sin hueso	1 cda tomillo, picado
¼ cdita cayena en polvo	¼ tza mermelada de durazno	

Instrucciones y tiempo total: aproximadamente 30 minutos

Precalentar el grill en medium. En un recipiente, mezclar la mermelada de durazno, aceite y cayena. Cubrir las chuletas con el glaseado y asar durante 10 minutos. Girarlas, untar más glaseado y asar durante 10 minutos más. Decorar con tomillo.

Información nutricional: Calorías 240, Grasa 12g, Carbs 7g, Proteína 24g

Chuletas en Salsa de Mostaza Dulce

Ingredientes para 4 porciones

2 cdas aceite de oliva	2 cdas mostza en grano	4 chuletas de cerdo, sin hueso
½ tza caldo de verduras	1 cda miel	Sal y pimienta negra al gusto

Instrucciones y tiempo total: aproximadamente 40 minutos

Precalentar el horno a 380ºF. En un recipiente, mezclar la miel, mostaza, sal, pimienta, pimentón y aceite. Incorporar el cerdo. Transferir a una bandeja junto con el caldo. Cubrir con papel aluminio y hornear durante 30 minutos. Retirar el aluminio y hornear durante 6-8 minutos más. Servir caliente.

Información nutricional: Calorías 180, Grasa 6g, Carbs 3g, Proteína 26g

Lomo Glaseado

Ingredientes para 4 porciones

2 cdas aceite de oliva	½ tza caldo de verduras	Sal y pimienta negra al gusto
1 cebolla, cortada	2 cditas mostza	
2 lb lomo de cerdo, en tiras	1 cda cilantro, picado	

Instrucciones y tiempo total: aproximadamente 35 minutos

Calentar el aceite en una sartén a fuego medio. Pochar la cebolla durante 5 minutos. Agregar el cerdo; cocinar por 10 minutos más, removiendo frecuentemente. Añadir el caldo, sal, pimienta, mostaza y cilantro; cocinar durante 10 minutos más. Servir.

Información nutricional: Calorías 300, Grasa 13g, Carbs 15g, Proteína 24g

Medallones Rellenos

Ingredientes para 6 porciones

1½ lb lomo de cerdo	1 tza champiñones, en rebandas	Sal y pimienta negra al gusto
6 rebanadas de pancetta, cortadas	5 tomates deshidratados, en dados	

Instrucciones y tiempo total: aproximadamente 55 minutos

Calentar una sartén a fuego medio. Freir la pancetta durante 5 minutos hasta quedar crujiente. Agregar los champiñones y saltear durante 4-5 minutos, removiendo ocasionalmente. Incorporar los tomates, sal y pimienta; reservar,

Precalentar el horno a 350ºF. Cortar el lomo por la mitad horizontalmente, dejando alrededor de 1-inch de orilla y sin cortar completamente. Abrir el lomo como si fuera un libro y formar un rectángulo grande. Aplanarlo hasta obtener un grosor de ¼-inch. Salpimentar.

Agregar la mezcla de pancetta sobre la carne y enrollarla; asegurarla con pinzas de cocina. Colocarla en una bandeja engrasada y hornear durante 60-75 minutos hasta que el cerdo esté hecho. Dejar reposar durante 10 a temperatura ambiente. Retirar las pinzas y cortar en medallones. Servir de inmediato.

Información nutricional: Calorías 270, Grasa 21g, Carbs 2g, Proteína 20g

Albóndigas Picantes

Ingredientes para 4 porciones

3 cdas aceite de oliva
1 lb molida de cerdo
2 cdas perejil, picado

2 cebolletas, cortadas
4 dientes de ajo, picados
1 chile rojo, picado

1 tza caldo de verduras
2 cdas pimentón picante

Instrucciones y tiempo total: aproximadamente 30 minutos

En un recipiente, mezclar el cerdo, perejil, cebolletas, ajo y chile; formar albóndigas con la mezcla. Calentar el aceite en una sartén a fuego medio. Sellar las albóndigas durante 8 minutos por todos los lados. Añadir el caldo y pimentón; hervir durante 12 minutos. Servir caliente.

Información nutricional: Calorías 240, Grasa 19g, Carbs 12g, Proteína 15g

Mini Albóndigas en Salsa de Almendras

Ingredientes para 4 porciones

3 cdas aceite de oliva
8 oz molida de cerdo
8 oz molida de res
½ tza cebolla, finamente picada
1 huevo grande, batido

1 patata, rallada
1 cdita ajo en polvo
½ cdita orégano
2 cdas perejil, picado
¼ tza almendras molidas

1 tza caldo de pollo
¼ tza mantequilla
Sal y pimienta negra al gusto

Instrucciones y tiempo total: aproximadamente 30 minutos

En un recipiente, mezclar las carnes, cebolla, huevo, patata, sal, ajo, pimienta y orégano. Formar albóndigas pequeñas con la mezcla. Colocarlas en un plato y dejarlas reposar durante 10 minutos a temperatura ambiente.

Calentar el aceite en una sartén a fuego medio. Dorar las albóndigas durante 6-8 minutos por todos los lados; reservar. Derretir la mantequilla en la sartén. Hervir las almendras y caldo por 3-5 minutos. Regresar las albóndigas, cubrir y cocinar por 8-10 minutos. Decorar con perejil para servir.

Información nutricional: Calorías 449, Grasa 42g, Carbs 3g, Proteína 16g

Lomo en Salsa de Manzana

Ingredientes para 4 porciones

2 cdas aceite de oliva
1 lb lomo de cerdo
¼ tza mermelada de manzana

¼ tza jugo de manzana
2 cdas mostza de grano
3 ramas de tomillo fresco

½ cda maicena
½ cda crema espesa
Sal y pimienta negra al gusto

Instrucciones y tiempo total: aproximadamente 35 minutos

Precalentar el horno a 330ºF. Calentar el aceite en una sartén a fuego medio. Salpimentar el cerdo. Sellar durante 6-8 minutos por todos los lados. Colocarlo en una bandeja, En la misma sartén, mezclar la mermelada, jugo y mostaza; cocinar durante 5 minutos a fuego bajo; removiendo frecuentemente. Agregar el cerdo y tomillo. Colocar la sartén en el horno y hornear durante 15-18 minutos; bañar el cerdo cada 5 minutos con la salsa. Dejarlo reposar durante 15 minutos. Mezclar la maicena, crema y jugos. Transferirla a una cacerola a fuego medio y hervir durante 2 minutos hasta espesar. Bañar el cerdo con la salsa, cortarlo en tiras y servir.

Información nutricional: Calorías 146, Grasa 7g, Carbs 8g, Proteína 13g

Chuletas de la Abuela

Ingredientes para 4 porciones

2 cdas aceite de oliva, divididas
½ lb ejotes, cortados
½ lb espárragos

½ tza guisantes
2 tomates cortados
1 lb chuletas de cerdo

1 cda tomate en pasta
1 cebolla, cortada
Sal y pimienta negra al gusto

Instrucciones y tiempo total: aproximadamente 70 minutos

Calentar el aceite en una cacerola a fuego medio. Salpimentar las chuletas. Dorarlas durante 8 minutos en ambos lados; reservar. Pochar la cebolla en la misma cacerola por 2 minutos. En un recipiente, mezclar el tomate en pasta y 1 tza de agua; transferirla a la cacerola. Desglasar el fondo y hervir. Regresar las chuletas; hervir. Reducir la temperatura y cocinar durante 40 minutos. Incorporar los ejotes, espárragos, guisantes, tomates, sal y pimienta, cocinar por 10 minutos más. Servir.

Información nutricional: Calorías 341, Grasa 16g, Carbs 15g, Proteína 36g

Chuletas al Vino

Ingredientes para 4 porciones

2 cdas aceite de oliva
4 chuletas de cerdo
1 cebolla morada, cortada

10 pimientas en grano, trituradas
¼ tza caldo de verduras
¼ tza vino blanco seco

2 dientes de ajo, picados
Sal al gusto

Instrucciones y tiempo total: aproximadamente 30 minutos

Calentar el aceite en una sartén a fuego medio. Sellar el cerdo durante 8 minutos en ambos lados. Agregar la cebolla y ajo; sofreir por 2 minutos más. Incorporar el caldo, vino, sal y granos de pimienta; cocinar durante 10 minutos; removiendo ocasionalmente. Servir inmediatamente.

Información nutricional: Calorías 240, Grasa 10g, Carbs 14g, Proteína 25g

Lomo de Cerdo con Ricotta

Ingredientes para 4 porciones

2 cdas aceite de oliva
1 ½ lb lomo de cerdo, en cubos
2 cdas mejorana, picada

1 diente de ajo, picado
1 cda alcaparras, drenadas
1 tza caldo de pollo

½ tza queso ricotta, en trozos
Sal y pimienta negra al gusto

Instrucciones y tiempo total: aproximadamente 70 minutos

Calentar el aceite en una sartén a fuego medio. Sellar el cerdo durante 5 minutos. Incorporar la mejorana, ajo, alcaparras, caldo, sal y pimienta; hervir. Cocinar durante 30 minutos, Mezclar los quesos hasta que se derritan. Servir.

Información nutricional: Calorías 310, Grasa 15g, Carbs 17g, Proteína 34g

Ricas Keftades

Ingredientes para 6 porciones

2 rebanadas de pan, remojadas en agua, escurridas y en trozos
4 cdas aceite de oliva
2 lb molida de res
2 cebollas medianas, ralladas
1 cda ajo picado

2 huevos grandes, batidos
2 cditas orégano griego seco
2 cdas perejil, picado
1 cdita menta, picada

1/8 cdita comino molido
Sal y pimienta negra al gusto

Instrucciones y tiempo total: aproximadamente 20 minutos + tiempo de reposo

En un recipiente, mezclar todos los ingredientes excepto el aceite. Formar albóndigas con la mezcla; colocarlas en una bandeja y cubrirlas con papel transparente. Refrigerar durante al menos 2 horas. Calentar el aceite en una sartén a fuego medio. Sellar los keftedes durante 6-8 minutos por todos los lados. Trabajar en bloques si es necesario. Servir inmediatamente.

Información nutricional: Calorías 567, Grasa 46g, Carbs 8g, Proteína 28g

Res en Salsa de Champiñones

Ingredientes para 4 porciones

Para la carne
2 cdas aceite de oliva
1 lb falda de res
1 tza vino tinto

2 dientes de ajo, picados
1 cda salsa inglesa
1 cda tomillo seco

1 cdita mostza amarilla

Para la salsa de champiñón
1 lb champiñones, en rebanadas
1 cdita eneldo seco

2 dientes de ajo, picados
1 tza vino tinto seco

Sal y pimienta negra al gusto

Instrucciones y tiempo total: aproximadamente 30 minutos + tiempo de marinado

En un recipiente, mezclar el vino, ajo, salsa inglesa, 2 cdas aceite, tomillo y mostaza. Agregar la carne, cubrir con plástico y refrigerar durante al menos 3 horas. Retirar la carne y escurrirla con papel de cocina.

Calentar el aceite en una cacerola a fuego medio. Sellar la carne durante 8 minutos por todos los lados; reservar. En la misma sartén, saltear los champiñones, eneldo, sal y pimienta por 6 minutos, remover ocasionalmente. Saltear el ajo por 30 segundos. Añadir el vino y desglasar el fondo. Hervir durante 5 minutos hasta que el líquido reduzca. Cortar la carne y bañar con la salsa de champiñón para servir.

Información nutricional: Calorías 424, Grasa 24g, Carbs 8g, Proteína 29g

Res con Vinagreta de Menta Picante

Ingredientes para 4 porciones

2 cdas aceite de oliva	2 cdas vinagre balsámico	Sal y pimienta negra al gusto
1 lb bistec de res	1 tza hojas de menta, picadas	
3 jalapeños, picados	1 cda pimentón dulce	

Instrucciones y tiempo total: aproximadamente 25 minutos

Calentar la mitad del aceite en una sartén a fuego medio. Saltear los jalapeños, vinagre, menta, sal, pimienta y pimentón durante 5 minutos. Precalentar el grill en High. Untar la carne con el aceite restante, sal y pimienta. Asar durante 6 minutos en ambos lados. Bañar con la vinagreta de menta para servir.

Información nutricional: Calorías 320, Grasa 13g, Carbs 19g, Proteína 18g

Estofado de Cordero con Higos y Yogurt

Ingredientes para 4 porciones

2 cdas aceite de oliva	1 apio, cortado	6 cdas yogurt griego
1 ½ lb lomo de cordero, en cubos	14 oz tomates en lata, en cubos	Sal y pimienta negra al gusto
1 zanahoria, cortada	1 diente de ajo, picado	
1 cebolla, cortada	1 tza higo secos, cortados	

Instrucciones y tiempo total: aproximadamente 120 minutos

Calentar 2 cdas aceite en una cacerola a fuego medio. Sellar el cordero durante 5 minutos, removiendo ocasionalmente. Incorporar la zanahoria, cebolla, apio y ajo; cocinar por 5 minutos más. Mezclar los tomates, higos, 2 tzas de agua, sal y pimienta; hervir. Reducir la temperatura y cocinar durante 90 minutos. Decorar con yogurt para servir.

Información nutricional: Calorías 360, Grasa 15g, Carbs 23g, Proteína 16g

Cordero con Berenjenas

Ingredientes para 4 porciones

2 cdas aceite de oliva	2 berenjenas, en cubos	2 cdas perejil, picado
1 tza caldo de pollo	2 cebollas, cortadas	4 dientes de ajo, picados
1 ½ lb lomo de cordero, en cubos	2 cdas tomate en pasta	

Instrucciones y tiempo total: aproximadamente 70 minutos

Calentar el aceite en una sartén a fuego medio. Sofreír la cebolla y ajo durante 4 minutos. Agregar el cordero; cocinar por 6 minutos. Incorporar las berenjenas y tomate en pasta; cocinar por 5 minutos. Añadir el caldo; hervir. Cocinar durante 50 minutos; remover constantemente. Decorar con perejil para servir.

Información nutricional: Calorías 310, Grasa 19g, Carbs 23g, Proteína 15g

Res con Mozzarella

Ingredientes para 4 porciones

15 oz tomates asados en lata, machacados

1 cda aceite de oliva	2 calabacines, cortados	1 cdita orégano seco
1 lb lomo de res, en cubos	1 cebolla, cortada	Sal y pimienta negra al gusto
¾ tza mozzarella, deshebrada	2 dientes de ajo, picados	

Instrucciones y tiempo total: aproximadamente 40 minutos

Calentar el aceite en una sartén a fuego medio. Sellar la carne durante 5 minutos. Incorporar el calabacín, cebolla, ajo, orégano, sal, pimienta y tomates; hervir. Cocinar durante 20 minutos. Mezclar la mozzarella durante 2-3 minutos hasta que se derrita. Servir de inmediato.

Información nutricional: Calorías 318, Grasa 17g, Carbs 16g, Proteína 19g

Cordero al Pimentón con Brócoli

Ingredientes para 4 porciones

2 cdas aceite de oliva	1 cebolla, cortada	2 tzas brócoli
1 lb lomo de cordero, en cubos	1 cdita romero, picado	2 cdas pimentón dulce
1 diente de ajo, picado	1 tza caldo de verduras	Sal y pimienta negra al gusto

Instrucciones y tiempo total: aproximadamente 70 minutos

Calentar el aceite en una sartén a fuego medio. Pochar la cebolla y ajo por 5 minutos. Agregar el cordero; cocinar por 5-6 minutos. Incorporar el romero, caldo, brócoli, pimentón, sal y pimienta; cocinar durante 50 minutos. Servir caliente.

Información nutricional: Calorías 350, Grasa 16g, Carbs 23g, Proteína 24g

Pierna de Cordero Festiva

Ingredientes para 4 porciones

½ tza mantequilla	2 cdas mostza amarilla	1 tza vino blanco
2 lb pierna de cordero, sin hueso	2 cdas albahaca, picada	½ tza crema ácida
2 cdas tomate en pasta	2 dientes de ajo, picados	Sal y pimienta negra al gusto

Instrucciones y tiempo total: aproximadamente 2 horas 20 minutos

Precalentar el horno a 360ºF. Derretir la mantequilla en una sartén a fuego medio. Sellar el cordero durante 10 minutos en todos los lados. Incorporar la mostaza, albahaca, tomate en pasta, ajo, sal, pimienta, vino y crema; hornear durante 2 horas. Servir inmediatamente.

Información nutricional: Calorías 320, Grasa 13g, Carbs 23g, Proteína 15g

Cordero al Durazno

Ingredientes para 4 porciones

2 cdas aceite de oliva	2 duraznos, sin piel, en cubos	½ cdita chile seco
1 lb cordero, en cubos	1 cebolla, cortada	Sal y pimienta negra al gusto
2 tzas yogurt griego	2 cdas perejil, picado	

Instrucciones y tiempo total: aproximadamente 70 minutos

Calentar el aceite en una sartén a fuego medio. sellar el cordero durante 5 minutos. Agregar la cebolla, cocinar por 5 minutos más. Incorporar el yogurt, duraznos, perejil, chile seco, sal y pimienta; hervir. Cocinar durante 45 minutos. Servir caliente.

Información nutricional: Calorías 310, Grasa 16g, Carbs 17g, Proteína 16g

Estofado de Res Picante

Ingredientes para 4 porciones

2 cdas aceite de oliva	2 dientes de ajo, picados	¼ tza caldo de pollo
1 lb molida de res	1 cda chile en pasta	¼ tza menta, picada
1 cebolla, cortada	2 cdas vinagre balsámico	Sal y pimienta negra al gusto

Instrucciones y tiempo total: aproximadamente 35 minutos

Calentar el aceite en una sartén a fuego medio. Sofreir la cebolla por 3 minutos. Agregar la carne; cocinar por 3 minutos más. Incorporar la sal, pimienta, ajo, chile, vinagre, caldo y menta; cocinar durante 20-25 minutos. Servir caliente.

Información nutricional: Calorías 310, Grasa 14g, Carbs 16g, Proteína 20g

Pimientos Rellenos

Ingredientes para 4 porciones

2 cdas aceite de oliva	2 dientes de ajo, picados	½ tza arugula baby
2 pimientos rojos	2 cdas salvia fresca, picada	½ tza piñones, picados
1 lb molida de res	1 cdita pimienta gorda	1 cda jugo de naranja
1 chalota, finamente picada	½ tza perejil fresco, picado	Sal y pimienta negra al gusto

Instrucciones y tiempo total: aproximadamente 50 minutos

Calentar el aceite en una sartén a fuego medio. Saltear la carne, ajo y chalota durante 8-10 minutos hasta que la carne esté hecha. Sazonar con salvia, pimienta gorda, sal y pimienta. Dejar enfriar ligeramente. Incorporar el perejil, arugula, piñones y jugo de naranja.

Precalentar el horno a 390ºF. Cortar los pimientos por la mitad horizontalmente; descartar la membrana y las semillas. Agregar el relleno y hornear durante 25-30 minutos. Servir caliente.

Información nutricional: Calorías 521, Grasa 44g, Carbs 9g, Proteína 25g

Pitas de Res con Vegetales

Ingredientes para 2 porciones

Para la carne

1 cda aceite de oliva
½ cebolla mediana, cortada

2 dientes de ajo, picados
6 oz molida de res

1 cdita orégano seco

Para la salsa de yogurt

1/3 tza yogurt griego
1 oz queso feta, en trozos

1 cda eneldo, picado
1 cda cebollino, picado

1 cda jugo de limón
Sal de ajo al gusto

Para los sandwiches

2 pitas griegas, calientes
6 tomates cherry, en mitades

1 pepino, en rodajas
Sal y pimienta negra al gusto

Instrucciones y tiempo total: aproximadamente 30 minutos

Calentar 1 cda aceite en una sartén a fuego medio. Saltear la cebolla, ajo y carne durante 5-7 minutos hasta que la carne esté hecha, rompiendo en trozos. Escurrir la grasa y mezclar el orégano. Retirar del fuego.

En un recipiente, mezclar el yogurt, feta, eneldo, cebollino, jugo de limón y sal; dividir la mezcla entre los pita calientes. Agregar la molida de res, tomates cherry y pepino. Salpimentar. Servir inmediatamente.

Información nutricional: Calorías 541, Grasa 21g, Carbs 57g, Proteína 29g

Cordero Cítrico

Ingredientes para 4 porciones

2 cdas aceite de oliva
1 cda dátiles, cortado
1 lb cordero, en cubos

1 diente de ajo, picado
1 cebolla, cortada
2 cdas jugo de naranja

1 tza caldo de verduras
Sal y pimienta negra al gusto

Instrucciones y tiempo total: aproximadamente 40 minutos

Calentar el aceite en una sartén a fuego medio. Sofreir la cebolla y ajo por 5 minutos. Agregar el cordero; cocinar por 5 minutos más. Incorporar los dátiles, jugo de naranja, sal, pimienta y caldo; hervir. Cocinar durante 20 minutos. Servir caliente.

Información nutricional: Calorías 298, Grasa 14g, Carbs 19g, Proteína 17g

Cordero Mediterráneo Sabroso

Ingredientes para 4 porciones

2 lb pierna de cordero deshuesada y cortada en trozos

1 cebolla grande, cortada en rodajas
3 dientes de ajo, picados finamente
1 pimiento rojo, cortado en tiras
1 pimiento amarillo, cortado en tiras
1 berenjena mediana, cortada en cubos

2 tomates medianos, cortados en cubos
½ taza de aceitunas negras sin hueso
2 cdas de aceite de oliva
Jugo de 1 limón
1 cdita de orégano seco

1 cdita de comino molido
Sal y pimienta al gusto
Perejil fresco picado para decorar

Instrucciones y tiempo total: aproximadamente 60 minutos

Precalienta el horno a 350°F. En una sartén grande, calienta el aceite de oliva a fuego medio-alto. Agrega los trozos de cordero y cocínalos hasta que estén dorados por todos lados. Retira el cordero de la sartén y reserva. En la misma sartén, agrega la cebolla y el ajo, y cocina hasta que estén tiernos y ligeramente dorados.

Agrega los pimientos, la berenjena y los tomates a la sartén. Cocina por unos 5 minutos hasta que las verduras estén tiernas. Regresa el cordero a la sartén y mezcla bien con las verduras. Condimenta con sal, pimienta, orégano y comino. Añade las aceitunas a la sartén y revuelve suavemente.

Exprime el jugo de limón sobre la mezcla de cordero y verduras. Transfiere todo a una bandeja para horno.Cubre la bandeja con papel de aluminio y hornea durante aproximadamente 40 minutos. Luego, retira el papel de aluminio y hornea por otros 5 minutos para dorar el cordero. Retira del horno y espolvorea con perejil fresco picado antes de servir.

Información nutricional: Calorías 450, Grasa 26g, Carbs 18g, Proteína 32g

DESSERTS

Sorbete de Frutos Rojos

Ingredientes para 4 porciones

1 cdita jugo de limón
¼ tza miel

1 tza fresas frescas
1 tza frambuesas frescas

1 tza arándanos frescos

Instrucciones y tiempo total: aproximadamente 10 minutos + tiempo de congelación

Hervir 1 tza de agua en una cacerola a fuego alto. Incorporar la miel hasta que se disuelva. Retirar del fuego. Agregar los frutos rojos y jugo de limón; mezclar bien. Dejar enfriar.

Una vez frio, transferir la mezcla a un procesador de alimentos y triturar hasta obtener una consistencia cremosa. Transferir a un recipiente de cristal y congelar durante 1 hora. Revolver con un tenedor; congelar durante 30 minutos más. Repetir el proceso un par de veces más. Servir en copas de helado.

Información nutricional: Calorías 115, Grasa 1g, Carbs 29g, Proteína 1g

Cuadritos de Amaretto

Ingredientes para 6 porciones

1 cdita aceite de oliva
1 limón, en ralladura
¾ tza almendras

2 tzas harina
¾ tza azúcar
1 cdita polvo para hornear

¼ cdita sal
3 huevos
2 cdas licor Amaretto

Instrucciones y tiempo total: aproximadamente 1 hora 10 minutos

Precalentar el horno a 280ºF. En un recipiente, combinar la harina, polvo para hornear, azúcar, ralladura de limón, sal y almendras. En otro recipiente, batir los huevos y amaretto. Añadir poco a poco a la mezcla seca; mezclar bien.

Engrasar un molde con aceite de oliva. Verter la mezcla homogéneamente; hornear durante 40-45 minutos. Dejar enfriar durante unos minutos antes de cortar diagonalmente en rebanadas de ½-inch de grosor. Colocar las rebanadas en el molde, corte hacia arriba; hornear durante 20 minutos más. Dejar enfriar ligeramente antes de servir.

Información nutricional: Calorías 78, Grasa 1g, Carbs 14g, Proteína 2g

Peras Pochadas en Vino Tinto

Ingredientes para 4 porciones

4 peras, sin piel con el tallo intacto
2 tzas vino tinto
8 clavos enteros

1 rama de canela
½ cdita extracto de vainilla
2 cdita azúcar

Crème fraîche para decorar

Instrucciones y tiempo total: aproximadamente 1 hora 35 minutos

Añadir el vino tinto, canela, clavos vainilla y azúcar en una cacerola a fuego bajo; hervir hasta que el azúcar se disuelva, removiendo frecuentemente. Incorporar las peras y pochar durante 15-20 minutos hasta que las peras estén suaves. Reservar las peras en un plato.

Colar el líquido para descartar los sólidos. Regresar el líquido a la cacerola y hervir durante 15 minutos hasta obtener un sirope. Dejar enfriar durante 10 minutos. Bañar las peras con la salsa y decorar con crème fraîche para servir.

Información nutricional: Calorías 158, Grasa 1g, Carbs 33g, Proteína 2g

Manzanas Crujientes en Salsa de Cardamomo

Ingredientes para 2 porciones

1½ cditas cardamomo
½ cdita sal

4 manzanas, sin piel, sin corazón, en rebanadas

2 cdas miel
2 cdas leche

Instrucciones y tiempo total: aproximadamente 30 minutos

Precalentar el horno a 390ºF. En un recipiente, mezclar las manzanas, sal y ½ cdita de cardamomo. Repartirlas en una bandeja engrasada; hornear durante 20 minutos. Reservar en un plato.

Mientras tanto, añadir la leche, miel y cardamomo restante a una cacerola a fuego medio; cocinar hasta hervir. Verter sobre las manzanas para servir.

Información nutricional: Calorías 287, Grasa 3g, Carbs 69g, Proteína 2g

Gelato de Sandía y Menta

Ingredientes para 4 porciones

¼ tza miel
4 tzas sandía, en cubos

¼ tza jugo de limón
12 hojas de menta para servir

Instrucciones y tiempo total: aproximadamente 10 minutos + tiempo de congelación

En un procesador de alimentos, triturar la sandía, jugo de limón y miel hasta obtener una consistencia cremosa pero con algunos grumos. Transferirla a un recipiente de cristal y congelar durante 1 hora. Revolver con un tenedor y congelar durante 30 minutos más. Repetir el proceso cada 30 minutos hasta que el helado esté completamente congelado, alrededor de 4 horas. Decorar con hojas de menta para servir.

Información nutricional: Calorías 149, Grasa 0.4g, Carbs 38g, Proteína 1.8g

Fresas Cubiertas de Chocolate y Coco

Ingredientes para 4 porciones

1 tza chispas de chocolate
¼ tza hojuelas de coco

1 lb fresas
½ cdita extracto de vainilla

½ cdita nuez moscada molida
¼ cdita sal

Instrucciones y tiempo total: aproximadamente 15 minutos + tiempo de enfriamiento

Derretir las chispas de chocolate durante 30 segundos en el microondas. Retirar y mezclar la vainilla, nuez moscada y sal. Dejar enfriar durante 2-3 minutos. Cubrir las fresas primero con el chocolate y luego con el coco. Colocarlas en una bandeja con papel encerado; dejarlas enfriar durante 30 minutos hasta que el chocolate endurezca. Servir.

Información nutricional: Calorías 275, Grasa 20g, Carbs 21g, Proteína 6g

Granita Siciliana

Ingredientes para 4 porciones

4 naranjas pequeñas, cortadas
½ cdita extracto de almendra

2 cdas jugo de limón
1 tza jugo de naranja

¼ tza miel
Hojas de menta fresca para decorar

Instrucciones y tiempo total: aproximadamente 5 minutos + tiempo de congelación

En un procesador de alimentos, triturar las naranjas, jugo de naranja, miel, extracto de almendra y jugo de limón hasta obtener una consistencia cremosa. Transferir a un recipiente y congelar durante 1 hora. Revolver con un tenedor; congelar durante 30 minutos más. Repetir durante un par de veces más. Decorar con hojas de menta para servir.

Información nutricional: Calorías 145, Grasa 0g, Carbs 36g, Proteína 1.5g

Yogurt con Plátano y Menta

Ingredients for 2 servings

Ingredientes para 2 porciones

2 plátanos, en rodajas
2 tzas yogurt griego

1 cdita canela
3 cdas miel

2 cdas hojas de menta, picada

Instrucciones y tiempo total: aproximadamente 5 minutos

Dividir el yogurt en 2 copas. Agregar el plátano, canela, miel y menta. Servir inmediatamente.

Información nutricional: Calorías 355, Grasa 4.2g, Carbs 61g, Proteína 22g

Manzanas Rellenas

Ingredientes para 4 porciones

2 cdas azúcar morena
4 manzanas, sin corazón

¼ tza pecanas, picadas
1 cdita canela molida

¼ cdita nuez moscada molida
¼ cdita jengibre molido

Instrucciones y tiempo total: aproximadamente 55 minutos

Precalentar el horno a 375ºF. Colocar las manzanas, corte hacia arriba, en una bandeja. En un recipiente, mezclar las pecanas, jengibre, canela, azúcar y nuez moscada. Rellenar las manzanas con la mezcla y hornear durante 35-40 minutos hasta que estén suaves y doradas. Servir inmediatamente.

Información nutricional: Calorías 142, Grasa 1.1g, Carbs 36g, Proteína 0.8g

Mini Trufas de Maple-Chocolate

Ingredientes para 6 porciones

½ tza mantequilla
½ tza aceite de oliva
¼ tza linaza molida

2 cdas cacao en polvo
1 cdita extracto de vainilla
1 cdita canela molida

2 cdita sirope de maple

Instrucciones y tiempo total: aproximadamente 10 minutos + tiempo de congelación

En un recipiente, mezclar la mantequilla, aceite, linaza, cacao en polvo, vainilla, canela y sirope de maple. Dividir la mezcla en 6 mini moldes para muffin y congelar durante al menos 2 horas hasta que se solidifiquen. Servir.

Información nutricional: Calorías 240, Grasa 24g, Carbs 5g, Proteína 3g

Pannacotta de Naranja con Moras

Ingredientes para 2 porciones

¾ tza half-and-half
1 cdita gelatina en polvo
½ tza crema espesa

3 cdas azúcar
1 cdita ralladura de naranja
1 cda jugo de naranja

1 cdita extracto de naranja
½ tza moras frescas
2 hojas de menta

Instrucciones y tiempo total: aproximadamente 15 minutos + tiempo de reposo

En un recipiente, mezclar ¼ tza de half-and-half y gelatina en polvo. Dejar reposar durante 10 minutos para hidratar. Calentar el half-and-half restante, crema, azúcar, ralladura, jugo de naranja y extracto de naranja en una cacerola a fuego medio durante 4 minutos, sin llegar a hervir. Retirar del fuego y dejar enfriar ligeramente.

Incorporar la gelatina hasta que se derrita. Dividir la mezcla en 2 copas de postre y refrigerar durante al menos 2 horas hasta que esté firme. Decorar con moras y hojas de menta para servir.

Información nutricional: Calorías 422, Grasa 33g, Carbs 28g, Proteína 6g

Chocolate Negro con Granada

Ingredientes para 6 porciones

½ tza quinoa
½ cdita sal marina

1 tza chispas de chocolate negro
½ cdita extracto de vainilla

½ tza semillas de granada

Instrucciones y tiempo total: aproximadamente 20 minutos + tiempo de congelación

En una cacerola a fuego medio. Tostar la quinoa durante 2-3 minutos, removiendo frecuentemente. Retirar del fuego e incorporar la sal. Reservar 2 cdas de quinoa tostada.

En un recipiente, derretir completamente el chocolate en el microondas durante 1 minuto. Mezclar la quinoa tostada y extracto de menta.

Cubrir una bandeja para galletas con papel encerado. Expandir la mezcla de chocolate y espolvorear la quinoa reservada y semillas de granada, presionando con una espátula. Colocar en el congelador durante 10-15 minutos hasta que esté firme. Romper en trozos irregulares de 2-inch. Conservar en la nevera hasta su uso.

Información nutricional: Calorías 268, Grasa 12g, Carbs 37g, Proteína 4g

Compota de Pera y Avena con Pecanas

Ingredientes para 4 porciones

2 cdas mantequilla, derretida
4 peras frescas, machacadas
½ limón, en jugo y ralladura

¼ tza sirope de maple
1 tza copos de avena, sin gluten
½ tza nueces pecanas, picadas

½ cdita canela molida
¼ cdita sal

Instrucciones y tiempo total: aproximadamente 30 minutos

Precalentar el horno a 350ºF. En un recipiente, mezclar las peras, ralladura, jugo de limón y sirope de maple. Expandir la mezcla en una bandeja engrasada. En otro recipiente, combinar los ingredientes restantes. Verter sobre las peras. Hornear durante 20 minutos hasta que la avena esté dorada. Servir.

Información nutricional: Calorías 496, Grasa 33g, Carbs 50.8g, Proteína 5g

Made in the USA
Las Vegas, NV
15 February 2024

85837876R00057